いちばん やさしい
レクリエーション ゲーム 全集
オールカラー

成美堂出版

いちばん やさしい レクリエーションゲーム全集

この本の使い方	6
レクリエーションゲームのすすめ	8

Part 1 その場ですぐできるゲーム　9

① 握手でコンニチハ …………… 10
② 肩上げて！ ……………………… 11
③ 鼻つまみ1・2・3 ……………… 12
④ グーパー空手 …………………… 14
⑤ あと出しジャンケン …………… 16
⑥ 命令ゲーム ……………………… 18
⑦ スペースシャトル拍手 ………… 20
⑧ 双眼鏡拍手 ……………………… 22
⑨ 売っていたら拍手 ……………… 23
⑩ 頭たたき腹さすり ……………… 24
⑪ 2拍子3拍子 …………………… 25
⑫ ジャンケンチャンピオン ……… 26
⑬ 閉眼触指 ………………………… 27
⑭ 健康体操1・2・3 ……………… 28
　 ジャンケンの勝率アップ術!? …… 30

Part 2 　2人組ゲーム　　　　　31

- ⑮ ジャンケン手たたき ……… 32
- ⑯ こんにちは顔合わせ ……… 33
- ⑰ ハイイハドン ……………… 34
- ⑱ タコとタヌキ ……………… 36
- ⑲ ウルトラマンシーシュワッチ 38
- ⑳ ジャンケン算数 …………… 40
- ㉑ ジャンケンホイホイ ……… 42
- ㉒ 剣と楯ジャンケン ………… 44
- ㉓ ジャンケンおちぢみさん … 46
- ㉔ ジャンケンお開きさん …… 47
- ㉕ ジャンケンおまわりさん … 48
- ㉖ あっち向けホイ …………… 49
- ㉗ ヒピトゥイトゥイ ………… 50
- ㉘ 天狗の鼻ウーヤッ ………… 52
- ㉙ おちゃらか ………………… 54

参加者が後ろにかたまっているときは
　　　　　　　　　　　　　…… 56

Part 3 　頭を使うゲーム　　　　57

- ㉚ 尋問イエスノーゲーム …… 58
- ㉛ 発見マルチステレオ言葉 … 60
- ㉜ 魚鳥木申すか申すか（ぎょちょうもく） … 61
- ㉝ 口漢字大会 ………………… 62
- ㉞ 五・七・五迷句作り ……… 64
- ㉟ ひらがな言葉作り ………… 66
- ㊱ 好きですか嫌いですか …… 68
- ㊲ 私は何？ …………………… 70
- ㊳ これを基本にして ………… 72
- ㊴ はがをハンド ……………… 73
- ㊵ パネル合わせ算数勝負 …… 74
- ㊶ オンリーワン ……………… 76

ノリの悪い人をゲームに引き込むには
　　　　　　　　　　　　　…… 78

Part 4 室内でするゲーム　　79

- ㊷ 拍手で集まれ …………… 80
- ㊸ 誕生月集まれ …………… 81
- ㊹ お金持ち日本一 ………… 82
- ㊺ アカンベー鬼 …………… 84
- ㊻ ナンバーコール ………… 86
- ㊼ 陸海空 …………………… 88
- ㊽ キャプテン探し ………… 90
- ㊾ いす取りゲーム ………… 92
- ㊿ 1・2・拍手 ……………… 94
- ⑤ キャッチ1・2・3 ……… 95
- ㊼ ジャンプでコンニチハ … 96
- ㊼ サイン集め ……………… 97
- ㊼ 有名カップル探し ……… 98
- ㊼ カードジャンケン合戦 … 100
- ㊼ カット合体一番勝負 …… 102
- ㊼ 風船おつき合い ………… 104

子どもたちのやる気を引き出す
"ごほうび" ……………… 106

Part 5 チームでするゲーム　　107

- ㊼ お金持ち日本一団体戦 …… 108
- ㊼ 剣道日本一 ……………… 110
- ㊼ パーティー日本ダービー … 112
- ㊼ キャプテンジャンケン …… 114
- ㊼ コインまわし発見対抗戦 … 116
- ㊼ 伝言ゲーム ……………… 118
- ㊼ マンガコミュニケーション … 120
- ㊼ ジャンケン関所破り …… 122
- ㊼ ブロックサインジャンケン … 124
- ㊼ 電線ジャンケン ………… 126
- ㊼ 赤白上げ下げ …………… 128
- ㊼ キャプテンはキミだ …… 129
- ㊼ 算数チームバトル ……… 130
- ㊼ 加藤清正ジャンケン …… 132

楽しい思い出を上手に記録に残そう！
……………… 134

Part 6 スポーティーなゲーム　135

- ⑦2 冷凍人間 …………… 136
- ⑦3 集団マット引き ……… 138
- ⑦4 おんぶリレー ………… 140
- ⑦5 フリスビー野球 ……… 142
- ⑦6 ハリケーンランニング … 144
- ⑦7 しっぽ踏み …………… 146
- ⑦8 家の中の羊さん ……… 148
- ⑦9 キツネとガチョウ …… 150
- ⑧0 紙飛行機ゴルフ ……… 152
- ⑧1 ワッショイ！ワッショイ！ 154
- ⑧2 ペットボトルボウリング … 156
- ⑧3 輪投げ人形 …………… 158

新しいゲームを作るのはカンタン!?
　　　　　　　………………… 160

Part 7 歌って楽しむゲーム　161

- ⑧4 トントンパー ………… 162
- ⑧5 ホイマシペーター …… 163
- ⑧6 おもちゃのチャチャチャ屈伸　164
- ⑧7 もしカメひざたたき … 165
- ⑧8 8421肩たたき ………… 166
- ⑧9 おメメ ………………… 167
- ⑨0 ジングルベル手合わせ … 168
- ⑨1 ヘボヌケジャンケン踊り … 170
- ⑨2 ちょうちょ …………… 172
- ⑨3 バランスカッコウ …… 174
- ⑨4 手合わせジェスチャーソング　176
- ⑨5 ドレミファドード …… 178
- ⑨6 お手上げ赤い靴 ……… 180
- ⑨7 お弁当箱 ……………… 182
- ⑨8 お船をこいで ………… 184
- ⑨9 アルプス一万尺踊り … 186
- ⑩0 ジェスチャー草津節 … 188

目的別さくいん ………… 190

この本の使い方

ゲーム名

ゲームの進め方

ゲームのルールや、やり方の解説を黒い文字で示しています。リーダーとはゲームを指導する人、キャプテンとはチームの代表者のことです。

😀 赤い色の部分は、ゲームの場面でリーダーがそのまま使えるセリフになっています。また、ゲームのポイントとなる部分にはアンダーラインが引いてあります。

リーダーは、セリフの中で自分のことを私と呼びます。

準備するもの

前もって準備しておく用具や材料

ゲームを成功させる4つのポイント

ポイント❶
安全への配慮

事前に会場の下見をおこない、危険物の確認や道具の安全性のチェックをしましょう。無理のないプログラム作りはもちろんのこと、ゲーム当日に体調が悪い人がいないか参加者への問いかけも忘れずに。

ポイント❷
ゲームの選び方

人数、年齢、男女比、会場の広さや与えられた時間などを考慮して、参加者にいちばん適したゲームを選びましょう。うまくいかなかったり、早く終了したりしたときのために、2〜3余分にゲームを用意しておくと安心です。

この本には、100種類のレクリエーションゲームが掲載されています。人数や用具などはそれぞれ異なりますので、詳しい見方を確認してください。

 人数 ゲームに必要な人数の目安

 時間 ゲームに必要な時間の目安

 難易度 ゲームの難しさの目安
★3つのゲームが最も難しく、事前の説明、練習を十分におこなう必要があります。

リーダーや参加者へのアドバイスや注意点など

おもしろくするコツ！
ゲームをより楽しむためのアイデアを紹介

ポイント❸
進行のコツ
ゲームの説明は、はっきりとした口調で身振り手振りを交えて簡潔におこないましょう。
ゲーム中は、実況中継したり、参加者にインタビューをおこなうと場が盛り上がります。参加者が飽きてきたなと感じたら、すみやかに別のゲームに切り替えましょう。また、参加者が「もっと続けたい」と欲求を感じるくらいで終了させるのも飽きさせないコツです。

ポイント❹
ルールは臨機応変に
高齢者の方や運動が不得意な方、ゲームに不なれな方がいるときには、時間やゴールまでの距離やチーム編成など、その人に合わせたルール変更をおこないましょう。
また、参加者が新しいルールを提案することもあるでしょう。参加者主体で楽しむことを重視して、柔軟に対応しましょう。

レクリエーションゲームのすすめ

　この本では、小さな子どもから高齢者の方まで幅広く楽しめるレクリエーションゲームを、全部で100種類紹介しています。

　ゲームの進め方は、見た目にわかりやすいようにイラストで解説しています。また、ゲームを指導するリーダーが、現場で円滑にゲームを進行できるよう、そのまま使えるセリフを交えています。

　レクリエーションゲームでは、笑ったり、悔しがったり、喜び合ったり、がっかりしたりとさまざまな思いが連続します。同時に、多くの人との交流の輪も広がるでしょう。最近、各方面で「脳を鍛える」ということが話題になっていますが、レクリエーションゲームを通して得られる体験は、脳の活性化にも効果的なはずです。

　本書が、人と人との交流や、心地よい運動がいかに素晴らしいものであるかを体験できるきっかけとなることを願っています。

総合子供の遊び情報研究室 代表　東 正樹

Part 1
その場ですぐできるゲーム

準備する道具も広いスペースもいらない、
その場ですぐに短時間で楽しめるゲームを紹介します。

- ① 握手でコンニチハ …10
- ② 肩上げて！ …11
- ③ 鼻つまみ1・2・3 …12
- ④ グーパー空手 …14
- ⑤ あと出しジャンケン …16
- ⑥ 命令ゲーム …18
- ⑦ スペースシャトル拍手 …20
- ⑧ 双眼鏡拍手 …22
- ⑨ 売っていたら拍手 …23
- ⑩ 頭たたき腹さすり …24
- ⑪ 2拍子3拍子 …25
- ⑫ ジャンケンチャンピオン …26
- ⑬ 閉眼触指 …27
- ⑭ 健康体操1・2・3 …28

握手でコンニチハ

初対面でも仲良しに

その場ですぐできるゲーム ①

- 人数　10～100人
- 時間　3分
- 難易度　★☆☆

ゲームの進め方

1
参加者はリーダーの見える位置につく。

😀 これからたくさんの人と握手するゲームをおこないます。近くにいる人何人かと握手をしてください！ <u>お互いの目をしっかり合わせて両手で握手しましょう</u>。それではスタート！

時間は30秒ほど。リーダーも積極的に参加して、握手をしやすい雰囲気を作る。

2
😀 握手をやめてください。さて、皆さんは何人の人と握手をしましたか？ 握手した人がひとりの方、"コマッタサン"です！ 続いて2～3人と握手した方、"標準的"です。では最後に4人以上の人と握手をした方…"やりすぎ"です！

「4人以上と握手した方・・・」
リーダー
「"やりすぎ"です」

参加者は、リーダーのよびかけに合わせて手を上げる。

初対面の人がたくさん参加しているときは、ゲームを3回ほどおこなう。

その場ですぐできるゲーム | Part 1

② その場ですぐできるゲーム

肩こりにも効果アリ!?
肩上げて！

- 人数 10～100人
- 時間 2分
- 難易度 ★☆☆

ゲームの進め方

1 😊 これから私が指示するとおりに、肩を上げ下げしてください。例えば、「肩上げて」といったら、全員両肩を上げるのです。練習してみましょう。「肩上げて」「肩下げて」「あご上げて」「あご下げて」「ぐるっと1回まわしましょ」。

リーダーも同じ動作をしながら説明する。

| 肩上げて | 肩下げて | あご上げて | あご下げて | ぐるっと1回まわしましょ |

---

2 😊 続けます。「肩上げて」「肩下げて」「あご上げて」「あご下げない」。

「肩上げて」
「肩下げない」
「あご上げない」
リーダー

動きをまちがえる参加者が出てきて、笑いが生まれる。

2分ほどおこない、一度も引っかからなかった人に拍手を送る。

「ぐるっと1回まわしましょ」
「ぐるっと1回まわさない」
なども加えてみましょう。

---

① 握手でコンニチハ　人数10～100人　時間3分

② 肩上げて！　人数10～100人　時間2分

3 その場ですぐできるゲーム

意志どおりに動かない体にとまどう
鼻つまみ1・2・3

人数　10～100人
時間　5分
難易度　★★☆

ゲームの進め方

1　参加者はリーダーの見える位置につく。

😃 これから鼻つまみゲームをおこないます。まず初級です！ 左手で自分の鼻をつまんでください。そして、右手で左の耳を持ってください。

リーダーは見本を示す。参加者も同じポーズで構える。

2　😃 私が合図をしたら、動作を変えましょう。「セーノ！」といったら左手で右の耳を持ち、右手で鼻をつまんでください。そしてもう一度「セーノ！」といったら、もとの構えに戻します。

初級

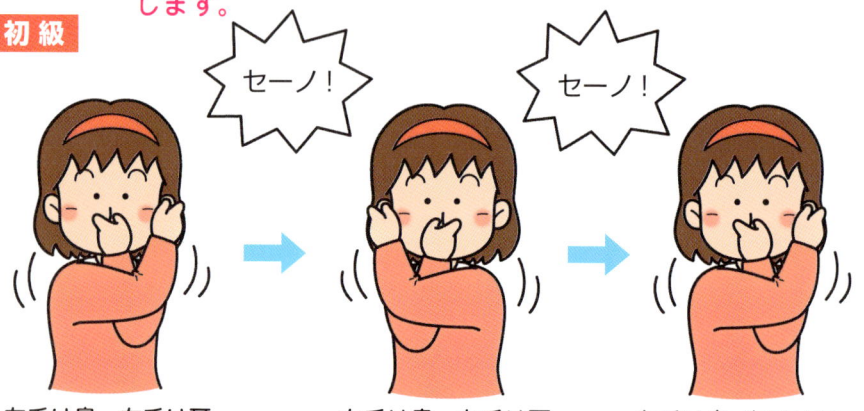

左手は鼻、右手は耳。　　右手は鼻、左手は耳。　　左手は鼻、右手は耳。

リーダーの「セーノ！」の声かけで動作を繰り返します。
この段階でとまどう人も出てくるので、何度か練習しましょう。

その場ですぐできるゲーム | Part 1

3 参加者がなれてきたら、「セーノ！」の時に、拍手を1回入れるようにする。これが中級となる。

中級

左手は鼻、右手は耳。　　拍手を1回。　　右手は鼻、左手は耳。

4 さらに上級として、中級の動作で拍手をした後、両手を上げてバンザイポーズし、すぐに下ろしてもう一度拍手して、反対側の耳さわりと鼻つまみをする。

上級

拍手を1回。　　バンザイポーズ。　　拍手を1回。

上級をうまくできる人は、皆の前で発表してもらう。

上級はかなり複雑なので、参加者の状況を見ておこなうかどうか決めましょう。

❸ 鼻つまみ1・2・3　人数10〜100人　時間5分

④ その場ですぐできるゲーム

自分のまちがいに思わず笑いが
グーパー空手

人数　10～100人
時間　5分
難易度　★★☆

ゲームの進め方

1　左手をグーにして左胸あたりにつけ、右手は前に伸ばしてパーを作り構えてください。

リーダーは参加者からよく見える位置に立つ。

2　私の「セーノ！」の声かけで、左手は前へ伸ばして手のひらをパー、同時に右手は引っ込めて胸の前にし、手のひらはグーにしてください。これを数回繰り返します。これは初級の動きです。

初級

セーノ！　　セーノ！

右手パー、左手グー。　　右手グー、左手パー。　　右手パー、左手グー。

リーダーの「セーノ！」という声かけが、全体のテンポとリズムを作ります。
リーダーは必ず声かけの練習をしておきましょう。

その場ですぐできるゲーム　Part 1

3 😃 次は中級です。左手をパーにして胸の前にし、右手は前に伸ばして手のひらをグーにして構えましょう。私の「セーノ！」のかけ声で、右と左を初級同様とりかえてください。

中級

初級の動作になってしまう人が出てきて、笑いが起こるはず。

右手グー、左手パー。　　右手パー、左手グー。

4 😃 最後は上級です。中級の動作にさらに拍手を1回加えます。左右の手をとりかえる瞬間に拍手の動作を入れてください。
慌ててうまくできない参加者が続出する。うまくできる参加者には拍手を送る。

上級

右手グー、左手パー。　　拍手を1回。　　右手パー、左手グー。

④ グーパー空手
人数10〜100人　時間5分

おもしろくするコツ！
リーダーの「セーノ！」の声かけの後に、
参加者に「ヨイショ！」とかけ合ってもらうと
難易度がアップします。

5 その場ですぐできるゲーム

ジャンケンの心地よいノリが楽しい
あと出しジャンケン

人数 10〜100人
時間 5分
難易度 ★★☆

ゲームの進め方

1 😊 これからジャンケンゲームをおこないます。初級から上級まであります。まず初級から始めましょう。両手を軽く上げてください。これから私が「ジャンケンポン！」と言ってからジャンケンの種類をひとつ出します。<u>皆さんは、私の後に続いて「ポン！」と言いながら両手で同じ種類のジャンケンを出してください。</u>

リーダーは、次々に「ジャンケンポン！」を言いながら、ジャンケンの種類を変えていく。ほとんどの人ができるはず。

その場ですぐできるゲーム | Part 1

2 😊 次は中級です。私の出すジャンケンを見て、皆さんは<u>勝つ種類のジャンケンを考えてから</u>「ポン！」と言いながら出してください。少々難しくなってきますよ。

中級

「ポン！」のタイミングが遅れないようにする。

3 😊 さらに難しくします。上級編です。今度は<u>私が出したジャンケンに負ける種類のジャンケンを出してください。</u>

上級

かなり難易度が上がるため、戸惑う人が続出する。
また、参加者の「ポン！」の声が小さくなりがちなので気をつける。

5分以上おこなうと楽しさよりもストレスが出てしまうので、やりすぎに注意しましょう。

⑤ あと出しジャンケン　人数10〜100人　時間5分

おもしろくするコツ！
なれてきたら、どんどんスピードアップしましょう。
アウトの判定をする人を作るとよいでしょう。

⑥ その場ですぐできるゲーム

「命令！」がすべて
命令ゲーム

- 人数　10〜100人
- 時間　5分
- 難易度　★★★

ゲームの進め方

1 参加者はリーダーの見える位置につく。

😀 私がこれから、「○○をしてください」と皆さんに命令を出します。皆さんはその際、「命令！」という言葉がついているときだけ、命令にしたがってください。

リーダーを中心に輪になるとやりやすい。

2 😀 少し練習してみましょう。「命令！手を上げて」、「命令！手を下げて」、「ハイすぐ上げて！」。今手を上げた人はアウトです！

「命令！手を上げて」　→　「命令！手を下げて」　→　「ハイすぐ上げて！」

3 😊 徐々にスピードアップします。「命令！左手上げて」「ハイ下ろす」。

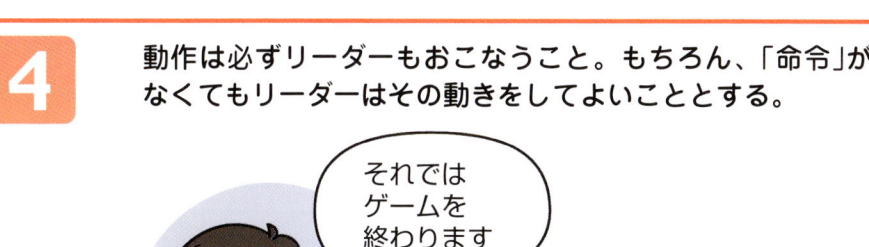

アウトになった参加者はその場に座る。

4 動作は必ずリーダーもおこなうこと。もちろん、「命令」がなくてもリーダーはその動きをしてよいこととする。

リーダーは十分練習を積んで実践すること。
さまざまなバリエーションを準備しておこう。

⑦ その場ですぐできるゲーム

すばやく反応しよう
スペースシャトル拍手

人数 10～100人
時間 2分
難易度 ★☆☆

ゲームの進め方

1 😊 リーダーは、左手を顔の前で構え固定する。

私の手に注目してください。この左手が地球です。そして右手、これがスペースシャトルです。今から私が「セーノ」の合図で右手を動かし、左手のそばを通過させます。皆さんは、<u>右手が左手を通過したとき、すばやく1回だけ手をたたいてください。</u>

スペースシャトル

地球

リーダーは、参加者からよく見える位置に立つ。

左手と右手が離れた状態。

右手が左手に近づく。

左手を通過する。

2 動かす右手は、行き帰り往復するので、参加者は2度手をたたかなくてはならない。

三・三・七拍子などをおりまぜるとやりやすくなる。

ゆっくりとした動きで、何度か練習をする。

3 参加者がなれてきたら、リーダーは通り過ぎるスピードを上げる、左手の直前で右手を止めるなどして失敗を誘う。

左手の直前で急に右手を止める。

2分ほどおこない、一度もまちがえなかった人に拍手を送る。

手の動かすスピードを変える。

フェイントの多用は場がシラけるもととなるので注意しましょう。

⑧ その場ですぐできるゲーム

声と手のタイミングが楽しさをかもしだす

双眼鏡拍手

人数　10～100人
時間　5分
難易度　★☆☆

ゲームの進め方

1 😊 両手を目の前に持ってきて、双眼鏡をのぞくポーズをとってください。その構えのまま、私の手を見てください。今私の手はグーの状態ですが、<u>皆さんはこの手がパーに変わったらすばやく1回手をたたいてください</u>。そのあと、元の双眼鏡のかたちにすばやくもどします。

リーダーの手の形

 → →

双眼鏡の構え。　手をたたく。　もとの構えにもどす。

2 リーダーのグーは、ＵＦＯが飛ぶようにゆっくり動かす。そのとき「ピーン！」という音もつける。

手は上下左右斜めへと自由に動かし、ときどきグーをパーに変える。ゲームは5分ほどおこなう。

「ピーン」という音と、パーにするタイミングが重要です。パーへの連発はほどほどにしておきましょう。

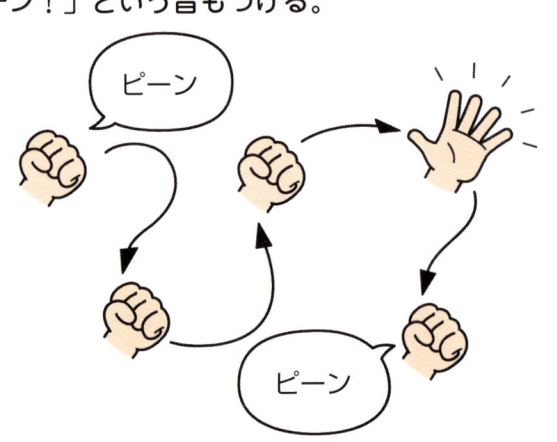

その場ですぐできるゲーム | Part 1

⑨ お手つきに注意！ 売っていたら拍手

人数　10～100人
時間　5分
難易度　★☆☆

ゲームの進め方

1 😀 参加者はリーダーを中心に輪になる。
<u>今から私がものの名前を言います。皆さんは八百屋さんで売っているものがあったら大きな拍手をしてください。まちがえて手をたたいた人はアウトです！</u>

リーダーは、品物の名前を言いながら自身も拍手する。

リーダーがとるテンポは始めはゆっくり、徐々に速くしていく。
参加者の拍手は、大きくすばやくたたくようにする。

アウトになった参加者は、その場に座るようにする。

おもしろくするコツ！

なれてきたら、お題となるお店やカテゴリーを変えましょう。
例）「さんま・かつお・ぶり・まぐろ・いわし・たわし」（魚屋さん）
　　「アトム・アンパンマン・ミッキー・ミニー・ドラえもん・コナン・コイン」（アニメ）

10 その場ですぐできるゲーム

他人があわてる姿がオモシロイ

頭たたき腹さすり

人数　10～100人
時間　5分
難易度　★★☆

ゲームの進め方

1 参加者はリーダーの見える位置につく。
左手と右手でちがう動きをしてもらいます。まず、左手でお腹をさすってください。そして、右手で頭を軽くポンポンとたたいてください。私が「セーノ！」と合図を出したら、皆さんは左手で頭を軽くたたき、右手でお腹をさする動きにチェンジしてください。

左手でお腹をさすり、
右手で軽く頭をたたく。

右手でお腹をさすり、
左手で軽く頭をたたく。

ひとつひとつの動作を確実におこなってから、「セーノ！」の合図でチェンジすること。
5分ほどおこなう。3回まちがえるとアウトとなる。

リーダーは動作が完璧にできるように、しっかり練習しておきましょう。

おもしろくするコツ！

「セーノ！」を言う間隔をどんどん短くしていくと難易度アップ！

11 なれないとムズカシイ
2拍子3拍子

ゲームの進め方

1

参加者はリーダーの見える位置につく。

😊 皆さんは、これから私のする動きをマネしてください。

リーダーは、左手を上下に動かして2拍子を繰り返す。右手は三角形を描くように3拍子を繰り返す。参加者も同様の動作をおこなう。

リーダーはゆっくり動作するように心がける。

2

😊 私が「セーノ！」と言ったら、皆さんは左手の動作と右手の動作を入れ替えてください。

「セーノ！」の声で入れ替えをおこなう。ここで、多くの参加者の両手は、混乱して変な動きとなっていくこととなる。

やり過ぎるとストレスが発生するので、2〜3分ほどで終了しましょう。

「ちょうちょう」の歌に合わせておこなうとより難しくなる。

12 本日絶好調の人が勝ち残る ジャンケンチャンピオン

その場ですぐできるゲーム

人数　10～100人
時間　5分
難易度　★☆☆

ゲームの進め方

1 リーダーは参加者全員の見える場所に立ち、片手を上げる。

😊 これからジャンケンチャンピオンを決定します。私と同じように、片手を上げてください。今から私とジャンケンを始めましょう。勝った人は、上げた手をそのままにしてください。負けた人とアイコの人は、手を下ろしてください。

リーダーは参加者からよく見えるように手を上げる。

2 😊 それでは始めます。セーノ、ジャンケンポン！

参加者が最後の1人になるまで続けていく。残った参加者が3名前後になったら、その参加者同士でのジャンケンにする。

ジャンケンポン！

リーダーの元気なかけ声がムード作りに大きく影響します。

やった！

負けた人とアイコの人はその場に座る。

その場ですぐできるゲーム Part 1

⑬ その場ですぐできる

ピッタリつけばラッキー!?
閉眼触指

人数	5〜100人
時間	3分
難易度	★☆☆

ゲームの進め方

1 両手を大きく横に広げて、人差し指だけ伸ばして構えてください。左右の人差し指をゆっくり顔の前に近づけて、胸の前で人差し指の先同士をつけましょう。ではスタート！
人差し指の先同士が向き合うように構える。

目を開けているので、ほとんどの人が上手にできるはず。

2 では本番にいきます。今の動作を、目を閉じた状態でおこなってください。なお、指の先端がうまくつかなかった場合でも位置を戻してはいけません。では、スタート！

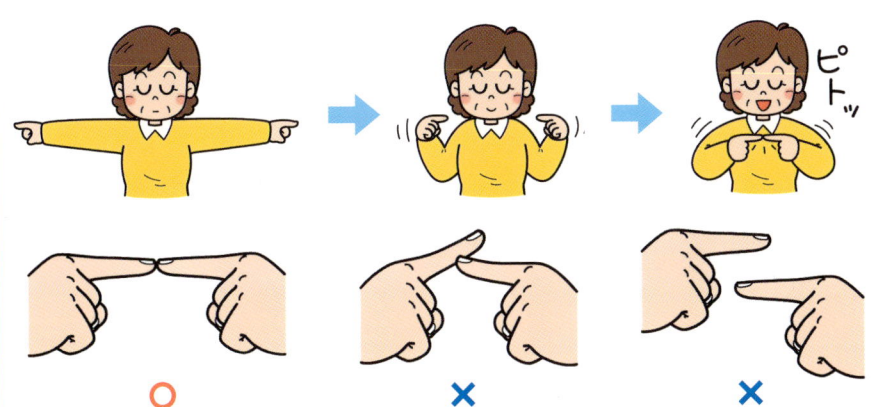

3回以内に成功しないとアウトとなる。微妙にズレた両指を戻してしまう人がいるので、戻さないように確認しておく。

27

その場ですぐできるゲーム 14

コミカルな指の動きがおかしい

健康体操1・2・3

人数　1～100人
時間　5分
難易度　★★★

ゲームの進め方

1　リーダーは参加者の見える位置につく。

😃 これから指の体操にもなるゲームをおこないます。私の両人差し指の動きに注目してください。「ケン　コウ　タイ　ソウ　ケン　コウ　タイ　ソウ　シ　ナ　ク　チャ　ナ　ラ　ナ　イ！」

リーダーはA～Eの5種類の指のサンプルを披露する。

A 人差し指を真上に立てて構える。

B 人差し指を軽く曲げる。

C 人差し指を真横に伸ばす。

D 左手の人差し指は真上、右手の人差し指は真横に伸ばす。

E 右手の人差し指は真上、左手の人差し指は真横に伸ばす。

2

それでは、今の動きをゆっくりやってみましょう。何度か繰り返します。だんだんスピードを上げていきますが、最後までうまくついてこれるでしょうか。

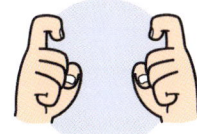 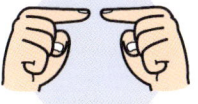  

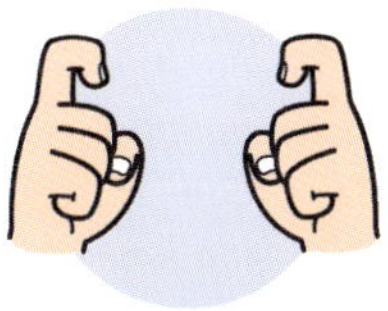

「ケン」 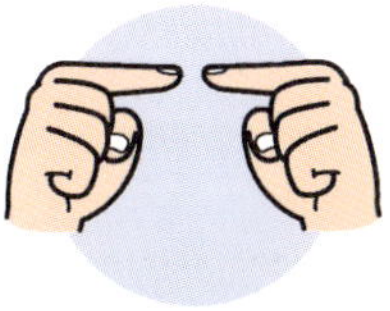　　「コウ」 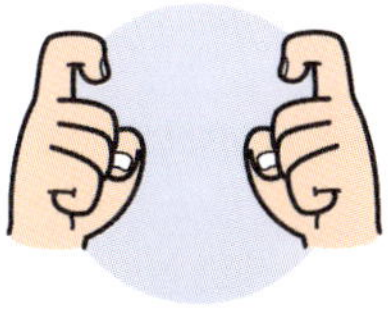　　「タイ」 　　「ソウ」

  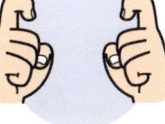 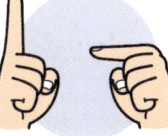

「ケン」　　「コウ」 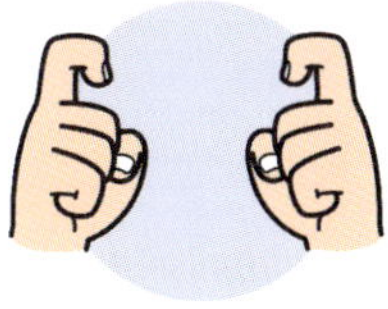　　「タイ」 　　「ソウ」

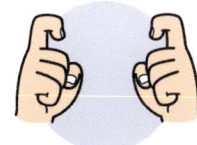 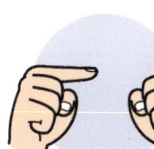  

「シ」　　「ナ」　　「ク」　　「チャ」

「ナ」　　「ラ」 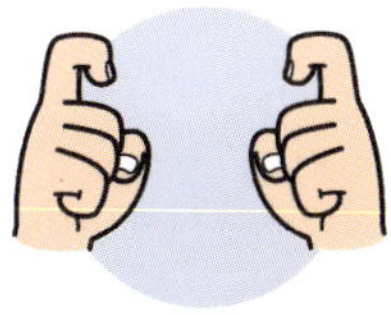　　「ナ」 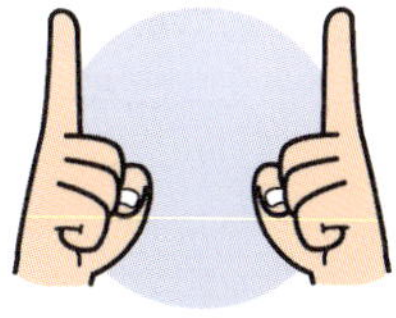　　「イ」

「ケン」「コウ」「タイ」「ソウ」は、抑揚をつけながらメリハリをつけて言うようにする。
伸ばす指はどうしても曲がってしまいがちなので、必ず垂直及び水平になるようにする。5分ほどで終了。

⑭ 健康体操1・2・3
人数 1〜100人　時間 5分

おもしろくするコツ！

なれたら小指、さらには人差し指と小指を同時にやってみましょう。

ジャンケンの勝率アップ術!?

ジャンケンはさまざまなゲームで用いられる、まさに必修種目というべきものです。このジャンケンをするときの人間の心理には、ある傾向が見られます。

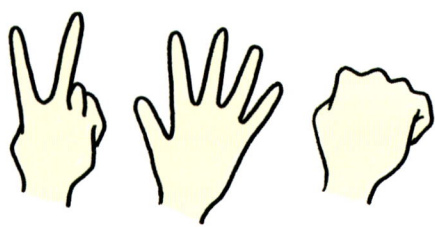

いろいろな人とジャンケンをしていく、という内容のゲームをしたとしましょう。ここで、例えばチョキで勝った人は、次に他の人とジャンケンをするとき、またチョキを出してしまう場合が多いのです。「さっき勝った」よい思いのあるチョキをつい出してしまうのでしょう。

このことをふまえて、ある人がジャンケンに勝った様子を見ておけば、その人が次にグーチョキパーの何を出すのか、ヤマをはることができます。もちろん、確率の上では同じですが、やみくもにグーチョキパーを出すよりは、少しは勝率がアップするかもしれませんね。

Part 2
2人組ゲーム

簡単なジェスチャーゲームから駆け引きを必要とするゲームまで、
2人でおこなう対戦ゲームを紹介します。

- ⑮ ジャンケン手たたき ……32
- ⑯ こんにちは顔合わせ ……33
- ⑰ ハイイハドン ……………34
- ⑱ タコとタヌキ ……………36
- ⑲ ウルトラマンシーシュワッチ…38
- ⑳ ジャンケン算数 …………40
- ㉑ ジャンケンホイホイ ……42
- ㉒ 剣と楯ジャンケン ………44
- ㉓ ジャンケンおちぢみさん…46
- ㉔ ジャンケンお開きさん …47
- ㉕ ジャンケンおまわりさん…48
- ㉖ あっち向けホイ …………49
- ㉗ ヒピトゥイトゥイ ………50
- ㉘ 天狗の鼻ウーヤッ ………52
- ㉙ おちゃらか ………………54

15 スピードで勝負 ジャンケン手たたき

2人組ゲーム

- 人数 2人一組
- 時間 5分
- 難易度 ★☆☆

ゲームの進め方

1 2人一組で向かい合い、お互いの左手同士で握手してください。そして握手したまま、右手でジャンケンをしましょう。

腕は軽く曲げた状態にする。

ジャンケンポン

どちらかが「ジャンケンポン」の合図を出す。

2 ジャンケンに勝った人は右手ですばやく握手している相手の左手の甲をたたくことができます。負けた人はたたかれないように右手のひらで自分の手の甲を守ってください。

対戦する回数を決めておき、たたけた数の多いほうを勝ちにする。

ゆっくりした動きで何度か練習してみましょう。

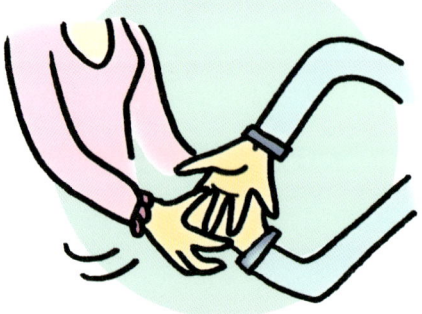

16 こんにちは顔合わせ
相性ピッタリ発見ゲーム

人数　**2人一組**

時間　**5分**

難易度　★☆☆

ゲームの進め方

1　参加者は2人一組になる。ジャンケンをして勝ち負けを決めておく。
😊 両手を合わせてお互いの顔を見合いましょう。

「コンニチー」
顔を手の甲に近づける。

2　😊 ジャンケンに勝った人は、タメをつくりながら「コンニチーーー」と言ってください。そしてタイミングをみはからって「ハ！」と言いましょう。そのとき、お互いに左右のどちらか好きな方向へすばやく顔をのぞき合います。2人の顔と顔が出会えばカップル誕生です！

「コンニチーーー」のかけ声をリーダーがおこなってもよいでしょう。

「ハ」「ありゃ、ダメだ」

3　出会わなかった人同士でもう一回する展開を繰り返す。

おこなう回数はほどほどにしておく。

「ハ」「やったぁ！ベストコンビ！」

17 2人組ゲーム

ドキドキの手をたたきゲーム
ハイイハドン

- 人数 **2人一組**
- 時間 **5分**
- 難易度 ★☆☆

ゲームの進め方

1 まずジャンケンをしましょう。勝った人は自分の右手を前に出してください。負けた人はその上に左手をのせます。その上に勝った人の左手をのせ、さらにいちばん上に負けた人の右手をのせたら準備完了です。

交互に重なるように手を重ねていく。

お互いの腕が軽く曲がった状態になるようにする。

2 私が「ハイ」と言ったら、重ねた手のいちばん下にある手を引き、いちばん上に重ねてください。また「イハ」と言ったらいちばん上の手をいちばん下に移動させてください。

ハイ

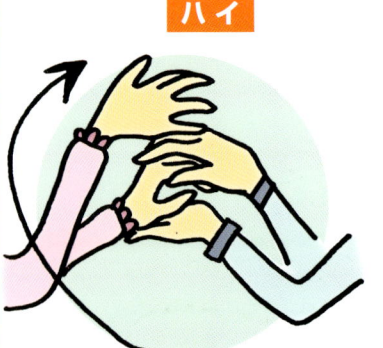

いちばん下の手を上にまわす。

イハ

いちばん上の手を下にまわす。

なれるまで、何度か練習しましょう。

2人組ゲーム Part 2

3 今度は私が「ドン」と言ったら、そのときいちばん下に手がある人が、いちばん上にある手をたたくことができます。相手はたたかれないように両手を引っ込めて逃げてください。

⑰ ハイ・イハ・ドン

人数 2人一組　時間 5分

勝ち

「よし」
「負けた」
「ドン！」
リーダー

相手の手をうまくたたけたら勝ち。
まちがって手を引いてしまったらアウト！

負け

「しまった」
「おっと私の勝ち」

対戦する回数を決めておき、勝った数の多い方を勝者とする。

リーダーは「ハイ」と「イハ」をさまざまにおりこみましょう。「ドン」は多用せず、ここぞというときに使うこと。

おもしろくするコツ
スピードアップさせると、さらにドキドキ感がアップします！

18 2人組ゲーム

すばやい反応で勝負

タコとタヌキ

人数	2人一組
時間	5分
難易度	★☆☆

ゲームの進め方

1 参加者は2人一組となり、リーダーの見える位置につく。
2人でジャンケンをしてください。勝った人がタコとなり、負けた人がタヌキとなります。左手で握手をしたところでゲームスタートです。

お互いに向かい合い、左手で握手した状態でジャンケンをする。

ぼくがタコだ

私がタヌキね

2人組ゲーム | Part 2

2 私が「タタタタタ・・・・・」と言った後、「タコ」と言ったらタコの人は相手の左手の甲を右手でたたくことができます。「タヌキ」と言ったら、タヌキの人がたたくことができます。たたかれる人は右手のひらでカバーすることができます。

⑱ タコとタヌキ

人数 2人一組　時間 5分

タコの勝ち
相手の手をうまくたたけたら勝ち。

タタタタタ・・・
タコ！
リーダー

タコの負け
相手にカバーされたら負け。

タタタタ・・・
タイコ！
あっ、しまった！

何度かおこなった後に「タタタタタ・・・・・タワシ」などのフェイントを入れておこなう。引っかかる人が出てきて、笑いが生まれる。

フェイントの多用は、ムードの半減となるので注意しましょう。

おもしろくするコツ！
「ネコ」と「ネズミ」など「タ」以外の言葉でも遊んでみましょう。

37

19 ウルトラマンシーシュワッチ

2人組ゲーム

互いの手の読み合いが勝負の決め手

人数	2人一組
時間	10分
難易度	★☆☆

ゲームの進め方

1 参加者はリーダーの見える位置につく。

😀 <u>これから私のおこなう4つのポーズを見てください。</u>いっしょにやってみましょう。

4つのポーズを何度か繰り返し、参加者に覚えてもらう。

4つのポーズ

① 手を合わせる。

② 手をクロスさせる。

③ 片ひじを立てる。

④ 手をおでこにつける。

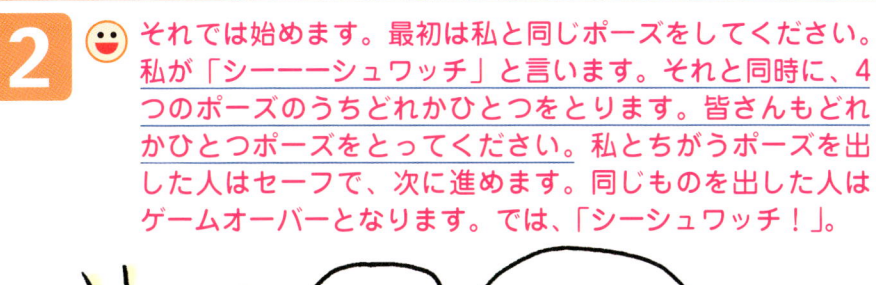

2 😃 それでは始めます。最初は私と同じポーズをしてください。私が「シーーーシュワッチ」と言います。それと同時に、4つのポーズのうちどれかひとつをとります。皆さんもどれかひとつポーズをとってください。私とちがうポーズを出した人はセーフで、次に進めます。同じものを出した人はゲームオーバーとなります。では、「シーシュワッチ！」。

アウトだ
シーシュワッチ！
セーフ
リーダー

負けた人はその場に座る。
8回ほどおこなって、勝ち残った人をチャンピオンとする。

⑲ ウルトラマンシーシュワッチ　人数 2人一組　時間 10分

3 2人で対戦することもできる。先攻後攻を決めて、かけ声をかけながら交互にポーズを出し合い、ポーズが合わなければ攻撃権が移るルールでおこなう。

シー・・・
シュワッチ！

かけ声は先攻の人がかける。

思わず変なポーズをした場合には注意とし、攻撃権を失う。注意2回で負けとなる。

20 2人組ゲーム

計算力がアップするかも!?
ジャンケン算数

- 人数　**2人一組**
- 時間　**5分**
- 難易度　★☆☆

ゲームの進め方

1　参加者は2人一組となり、リーダーの見える位置につく。両手を使ってジャンケンをします。私の「ジャンケンポン」のかけ声で、左右それぞれの手でジャンケンをしてください。

それぞれ同じ種類のジャンケンを出してもよいし、ちがう種類を出してもよい。

2　グー、チョキ、パーには点数があるので、覚えておきましょう。チョキは1点、パーは2点、グーは3点とします。

1点　　**2点**　　**3点**

2人組ゲーム | Part 2

3 😀 お互いが出したグー、チョキ、パーの種類を見て、その合計した数字を早く言った人が勝ちです。

「8！」

ジャンケンポン

リーダー

5回先取した人の勝ちとする。

1　2
3　2

この場合、答えは1+3+2+2で8となる。

なれるまでは、グーを使わないルールにすると簡単でよいでしょう。

⑳ ジャンケン算数　人数 2人一組　時間 5分

おもしろくするコツ！
足し算のところを掛け算にすると難易度がアップします。

21 駆け引きが重要
ジャンケンホイホイ

2人組ゲーム

人数	2人一組
時間	5分
難易度	★★☆

ゲームの進め方

1 参加者は2人一組となり、リーダーの見える位置につく。
私がこれから「ジャンケンホイ、ホイ」と言いますので、1回目のホイのときに右手、2回目のときに左手の順にそれぞれ異なった種類のグー、チョキ、パーを出してください。

「ジャンケンホイ、」

リーダー

「ホイ！」

ジャンケンを出す際は、左右の腕を交差した状態にする。

「ホイ」と「ホイ」の間隔をできるだけ短くすると、よりスリリングになります。

2人組ゲーム | Part 2

2 続いて私が「どっち引くの、こっち引くの！」と言いますので、相手の手の種類を見て考え、どちらかを引いてください。残った手の種類で、勝敗が決まります。

グーを残すと負けはないな・・・

左右どちらの手を引っこめるか作戦を立てる。

どっち引くの、こっち引くの！

勝負する回数を決めておき、勝った数の多い方を勝者とする。

㉑ ジャンケンホイホイ

人数 2人一組　時間 5分

おもしろくするコツ！
始めはゆっくりとおこない、徐々にスピードアップさせましょう。

22 剣と楯ジャンケン

2人組ゲーム

ジャンケンに負けても勝負に勝てる不思議なゲーム

人数	2人一組
時間	10分
難易度	★★☆

ゲームの進め方

1 このゲームでは、まず新聞紙と箱を準備する。新聞紙の棒を剣、ティッシュの箱を楯として使用する。新聞紙は、ゆるめに巻くようにしないと箱が簡単につぶれてしまうので気をつける。
また、靴箱や枕を楯として代用してもよい。

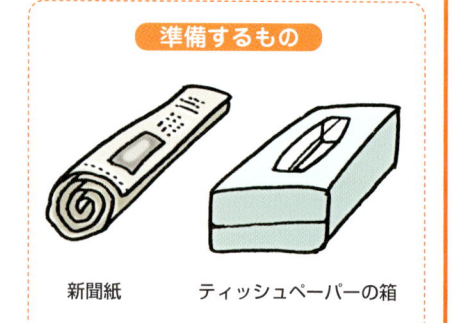

準備するもの
新聞紙　ティッシュペーパーの箱

参加者2人は向かい合って座る。
2人の間に棒と箱をおいて準備完了。

2 剣と楯ジャンケン

2 向かい合った人同士でジャンケンをします。勝った人はすぐに新聞紙の棒を取り、相手の頭をめがけてメンを打ち込みます。負けた人はすばやく箱を取って、頭の前にかざして防御しましょう。

ジャンケンポン！

棒で顔をたたいたり、つついたりしないよう事前に注意しておく。

何回勝負にするか事前に決めておく。

人数 2人一組　時間 10分

打ち込んだ人の勝ち。

防いだ人の勝ち。

おもしろくするコツ！　新聞紙のかわりにピコピコハンマーを使うと、たたかれたとき音が鳴ってコミカルになります。

23 ジャンケンおちぢみさん

地味だがじつはハード

- 人数: 2人一組
- 時間: 10分
- 難易度: ★☆☆

2人組ゲーム

ゲームの進め方

1
参加者は2人一組となり、左右の足の間隔を肩幅くらいに広げて向かい合う。

😊 ジャンケンをしましょう。負けた人はひざを曲げて10センチほどかがみ、その姿勢をキープしてください。勝った人は、相手がかがみ終わるまで手をたたきましょう。

低くなった姿勢は維持したままに。

2
😊 ジャンケンを続けます。<u>負けるごとに10センチずつ低くなるようにしましょう。お尻が床につくか、バランスを崩して倒れると負けになります。</u>

負け
お尻が床につく。

倒れて地面に手をつく。

かがんだ姿勢を必ず維持するよう注意を促しましょう。

24 ジャンケンお開きさん

柔軟性で勝負

2人組ゲーム Part 2

- 人数：2人一組
- 時間：10分
- 難易度：★☆☆

ゲームの進め方

1 参加者は2人一組となり、リーダーの見える位置につく。かかとをしっかりつけて立ちスタンバイ。

😀 ジャンケンをします。負けた人はつけてあるかかとを左右に開いてください。勝った人は相手が開き終わるまで手をたたきましょう。開いた両足はそのままで、さらにジャンケンを続けましょう。続けて負けた場合は、かかとはそのままで指先をそれぞれ広げていきます。

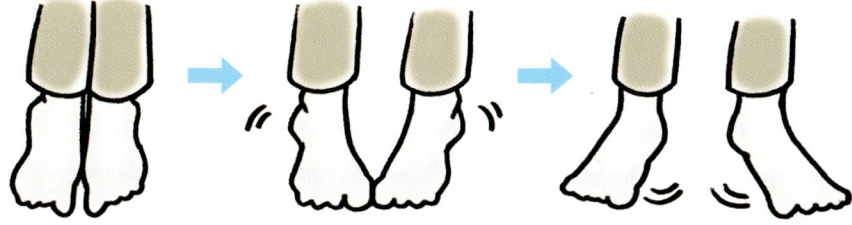

- はじめはかかとをそろえる。
- かかとを左右に開く。
- かかとはそのままで指先を広げる。

負け
- 足が開かなくなる。
- 地面に手をつく。

足を大きく開いている人ほど早くジャンケンをしたくなります。ジャンケンをするタイミングでもめないように配慮をしましょう。

25 ジャンケンおまわりさん
負け続けると大変なことに

2人組ゲーム

人数	2人一組
時間	5分
難易度	★☆☆

ゲームの進め方

1 参加者は2人一組となり、向かい合って構える。

😀 ジャンケンをしましょう。勝った人はその場で拍手してください。負けた人は、勝った人の周りを一周まわりましょう。

まわるときは、かけ足で一周する。

2 😀 ジャンケンを続けます。前回負けた人が2連敗すると、2周まわらなくてはいけません。前回勝った人が負けた場合は、一度まわるだけです。

ひえー

3連勝！

続けて負けると連敗した数だけまわる。一度勝つと、連敗数はリセットされる。

長時間続けるゲームではありませんので、5分以上はおこなわないようにしましょう。

26 2人組ゲーム

2人組ゲーム | Part 2

負けても思わず笑いが生まれる
あっち向けホイ

- 人数　**2人一組**
- 時間　**5分**
- 難易度　★☆☆

ゲームの進め方

1 😊 ジャンケンをします。勝った人は右手の人差し指を相手の顔に近づけ、「あっち向けホイ！」と言い、ホイ！のときに指を上下左右のどちらかに動かします。負けた人はホイ！のときに自分の顔を上下左右のどちらかに向けます。人差し指が差す方向に顔を向けてしまったら負けです。

ホイ！

顔の向き

なれるまではゆっくりおこないましょう。

しまった！

ホイ！

勝負がつくまで繰り返す。

おもしろくするコツ！　相手を引っかける指先のフェイントや、ホイ！のタイミングを考えてみましょう。

27 ニュージーランドのマオリ族のゲーム
ヒピトゥイトゥイ

2人組ゲーム

- 人数：2人一組
- 時間：10分
- 難易度：★★☆

ゲームの進め方

1 参加者は2人一組となり、リーダーの見える位置につく。

😀 指を使ったゲームをします。ジャンケンで先攻、後攻を決めてから、自分の手を握り、左右の手をつけます。そして、互いにつけた両手を合わせます。

両手のこぶしを合わせた状態からゲームスタート！

2 😀 互いにつけたこぶしの親指を立てるか立てないかで4つのポーズがあります。

① 親指を2本立てる。

② 立てない。

③ 右親指を1本立てる。

④ 左親指を1本立てる。

| 2人組ゲーム | Part 2

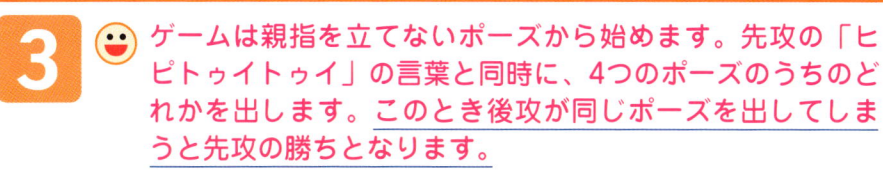

3 🙂 ゲームは親指を立てないポーズから始めます。先攻の「ヒピトゥイトゥイ」の言葉と同時に、4つのポーズのうちのどれかを出します。<u>このとき後攻が同じポーズを出してしまうと先攻の勝ちとなります。</u>

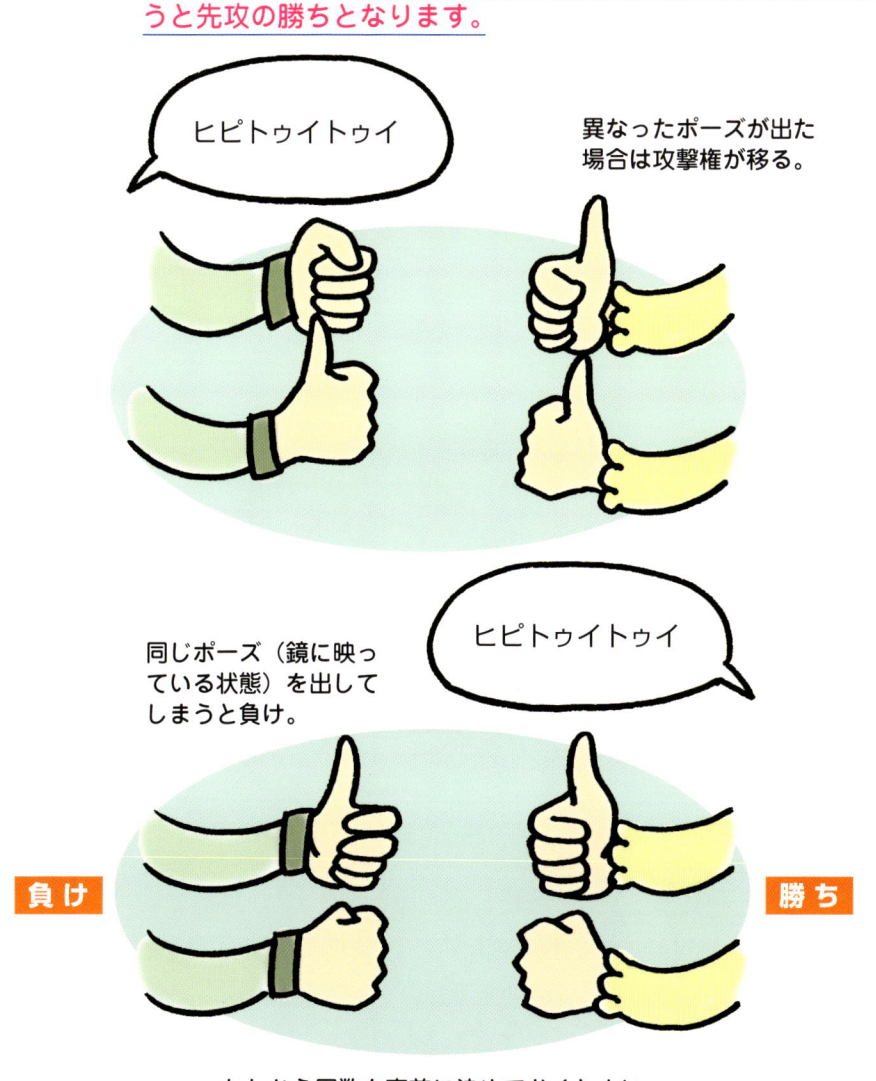

㉗ ヒピトゥイトゥイ　人数 2人一組　時間 10分

ヒピトゥイトゥイ

異なったポーズが出た場合は攻撃権が移る。

同じポーズ（鏡に映っている状態）を出してしまうと負け。

ヒピトゥイトゥイ

負け　　　　**勝ち**

たたかう回数を事前に決めておくとよい。

おもしろくするコツ！
「ヒピトゥイトゥイ」を発するリズムとテンポをいろいろ変えてみましょう。

28 2人組ゲーム

動作がユーモラスなたたかい

天狗の鼻ウーヤッ

人数　**2人一組**
時間　**5分**
難易度　★☆☆

ゲームの進め方

1 参加者は2人一組となり、リーダーの見える位置につく。
<u>このゲームには5つのポーズがあります。1つ目は握った手を重ねて鼻の上に構えます。2つ目は重ねた両手をおでこ、3つ目はあご、4つ目は右のほっぺ、5つ目は左のほっぺにあてます。</u>

5つのポーズ

① 鼻の上
② おでこ
③ あご
④ 右のほっぺ
⑤ 左のほっぺ

参加者がなれるまで、何度かポーズの練習をする。

2人組ゲーム | Part 2

2 まず、ジャンケンをして先攻後攻を決めておく。スタートのポーズは互いに鼻の上からとなります。先攻の「ウーヤッ！」の言葉と同時に、それぞれ5つのポーズのうちどれかをとります。このとき、後攻が同じ場所を出してしまうと先攻の勝ちとなります。

㉘ 天狗の鼻ウーヤッ

人数 2人一組　時間 5分

「ウー」

スタートは互いに鼻の上から。

「ヤッ！」

異なったものが出た場合は攻撃権が移る。

「負けた」「ウーヤッ！」

5分ほどでゲームを終了する。

同じ場所（鏡に映っている状態）を出してしまうと負け。

おもしろくするコツ！
「ウーヤッ！」のタイミングに変化をつけることで、勝ちやすくなります。

29 お遊戯感覚あふれるゲーム
おちゃらか

- 人数　**2人一組**
- 時間　**5分**
- 難易度　★☆☆

ゲームの進め方

1 😊 皆さん2人一組になって、お互い両手をつないでください。そして「セッセッセーのヨイヨイヨイ」とはやしながら手を上下に振り、握った手を交差してまた振りましょう。
手を離して「オチャラカ　オチャラカ　オチャラカ　ホイ！」のはやし言葉に合わせて、左の手のひらを右の手のひらでたたき、次に相手の左手を同じ右手でたたきます。これを3回連続しておこないます。そして「ホイ！」でジャンケンをするのです。

「セッセッセーの」— 上下に振る。

「ヨイヨイヨイ」— 交差して上下に。

「オチャ」— 自分の左手をたたく。

「ラカ」— 相手の左手をたたく。

「オチャ」

「ラカ」

「オチャ」

「ラカ」

「ホイ！」—  ジャンケンする。

2人組ゲーム | Part 2

2 ジャンケンの結果によって「オチャラカ勝ったよ」「オチャラカ負けたよ」とはやし言葉を言いながらポーズをとってください。

「オチャラカ負けたよ」

「オチャラカ勝ったよ」

勝った人は両手を上げてバンザイポーズ、負けた人は頭と両手を下げてゴメンナサイポーズ。

「オチャラカアイコで」

アイコの場合は、互いに両手を腰にそえて胸張りポーズをそれぞれおこなう。

3 それぞれのポーズをとった後、ただちに「オチャラカ　ホイ！」を続けましょう。

「オチャラカホイ！」

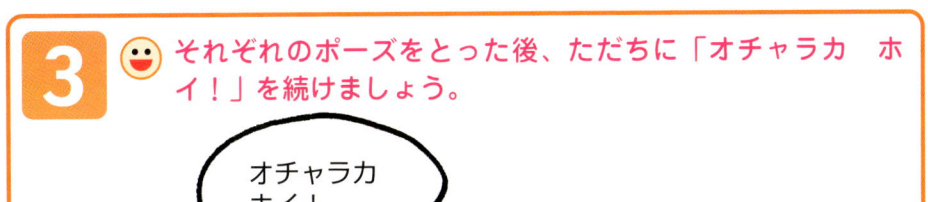

決着はバンザイを3回した人の勝ち、動作をまちがえた人の負けなど事前にルールを決めておく。

なれてきたらスピードをどんどん上げてみましょう。

㉙ おちゃらか　人数 2人一組　時間 5分

> もっと楽しむために！

参加者が後ろにかたまっているときは

　つどいや講習会の場面では、教室型にいすに座ることが多くあります。このような場合、座席は後ろのほうから埋まっていきます。そして、リーダーが「前の方に詰めてください！」となるのですが、残念ながら協力的な人はほとんどいないでしょう。そこで、リーダーへのアドバイスです。

　リーダーはこのような場合、以下のように声をかけてください。そうすると、参加者は何事かと思いながらも、立ってくれるはずです。

> 恐れ入りますが、皆さんのお持ちの荷物を持って立ってください

> お荷物を持ったまま、前の方へ移動してお詰めください

　人は一度座ってしまうとふたたび動きたがらないものですが、立ってしまうと案外フットワークが軽くなるものなのです。

Part 3

頭を使うゲーム

すばやい判断力が必要なゲームからじっくり思考力が
問われるゲームまで、頭を使うゲームを紹介します。

30 尋問イエスノーゲーム …58
31 発見マルチステレオ言葉 …60
32 魚鳥木申すか申すか …61
33 口漢字大会 …62
34 五・七・五迷句作り …64
35 ひらがな言葉作り …66
36 好きですか嫌いですか …68
37 私は何？ …70
38 これを基本にして …72
39 はがをハンド …73
40 パネル合わせ算数勝負 …74
41 オンリーワン …76

30 頭を使うゲーム

尋問イエスノーゲーム
敵のほりょから秘密の情報を暴き出そう

- 人数：30〜100人
- 時間：30分
- 難易度：★★☆

ゲームの進め方

1 1チーム8人ほどで5チームから10チーム作る。

😀 これから推理ゲームをおこないます。まず、チームの中から1人ずつほりょ役を選んでください。ほりょ役の人は私のところに集合してください。

リーダーは、集合したほりょ役に秘密の情報を書いた紙を見せる。

問題例：富士山、お饅頭、海、パンダなど。

リーダー

2 😀 ほりょ役の人はどこか敵のチームの中に入ってください。

ほりょを中心に輪になって座る。

58

3 😃 今皆さんのチームにいる敵のほりょ役が、ある秘密の情報を持っています。そこで皆さんは敵のほりょに尋問してその内容を聞き出してください。なお、ほりょとなった人は「イエス」か「ノー」の言葉しか言ってはいけません。よい質問をして秘密を解明してください。解明したチームは拍手をして知らせてください。

ゲームは約半数のチームが解明した時点で終了とする。

㉚ 尋問イエスノーゲーム　人数30〜100人　時間30分

それはきれいですか？　イエス
それははやいですか？　ノー
それはいいにおいがしますか？　イエス
それは大きいですか？　ノー
それはさいていますか？　イエス

ほりょ

参加者は「イエス」か「ノー」で答えられる質問をする。

答えは・・・チューリップ

情報を解明されたほりょは、今後そのチームの一員になり、解明されなかったほりょは、自分のチームに戻っていく。ほりょ役を替え、5回ほどおこなう。

答えを言うときは他のチームに聞こえないように、小さい声でやりとりする。

31 頭を使うゲーム

発見マルチステレオ言葉
不思議な言葉を聞き分けられるか

人数 **10人以上**
時間 **20分**
難易度 **★★★**

ゲームの進め方

1 参加者の中から、5〜8名で声出し隊を編成しておく。

これから、ここにいる声出し隊の皆さんが、1人ひとり別に、あるジャンルの言葉を言いますので、どんな言葉が出たか当ててください。

わかった言葉があれば言ってください。当たっていれば、それを言った声出し隊の1人が手を上げてくれます。すべて当てることができるでしょうか。

（バッリレイパナンィモチプゴナゴンル）

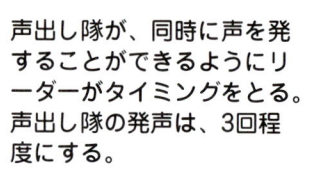

バナナ！　リンゴ！　レモン！　イチゴ！　パイナップル！

セーノ　どうぞ！

リーダー

声出し隊が、同時に声を発することができるようにリーダーがタイミングをとる。声出し隊の発声は、3回程度にする。

字数の多い言葉を入れておくと、難易度がアップします。声出し隊の各メンバーの言葉は、食べ物編、メーカー名編、自動車名編などテーマを決めましょう。

32 指名されるドキドキ感を味わえる
魚鳥木申すか申すか
ぎょ ちょう もく

頭を使うゲーム Part 3

- 人数　10人以上
- 時間　20分
- 難易度　★★☆

ゲームの進め方

1 参加者はリーダーを中心に円陣を作り、円の中心を向く。

私が「魚鳥木申すか申すか」と言いますので、皆さんは「申す申す」と言ってください。

（吹き出し）魚鳥木申すか申すか　リーダー　申す、申す！

リーダーは、参加者の顔を見ながら円をまわる。

2 そして、私が突然誰かを指差して「鳥！」と言います。言われた人は鳥の名前をひとつ言ってください。例えば「カラス」と言えばセーフとなります。魚は魚の名前を、木は木の種類を私が10数えるまでに言わなければなりません。成功した人には、皆さんで拍手を送りましょう。

（吹き出し）木！　さくら　鳥！　…8、9、10　アウト！

「元気な返事が出てない人に当てようかな」などと言うと会場が盛り上がります。

33 頭を使うゲーム

意外と思い浮かばないものです

口漢字大会

- 人数　5人以上
- 時間　20〜30分
- 難易度　★★☆

ゲームの進め方

1 😊 これから、漢字を使ったゲームをします。この「口」という三画の漢字に二画を加えて別の漢字を作り、紙に書いてください。10分間でいくつ作れるでしょうか。ではスタート！

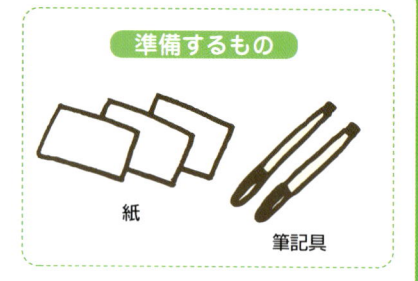

準備するもの
- 紙
- 筆記具

リーダーは、始めにいくつか例をあげる。

口 → 田

リーダー

白、四

目がいいかしら

❷

😀 では、これから1人ひとり発表してもらいます。発表した人は、1文字につき1得点をゲットできます。さて、誰が多くの得点をゲットできるでしょうか。

いちばん得点の多い人を勝者とする。

参加者は、まだ出てきていない漢字があれば黒板に書いていく。

正解
田兄石白叶由加甲
囚古可右旬目史号
申台旧召旦司四叩
只叱占
全27字

黒板や大きな紙などを利用して、大きな字で書いてもらいましょう。

まちがえて新しい漢字を創作してしまい、笑いが生まれることも。

㉝ 口漢字大会

人数 5人以上　時間 20〜30分

頭を使うゲーム

34 面白俳句遊び
五・七・五迷句作り

人数　**5人以上**
時間　**60分**
難易度　★☆☆

ゲームの進め方

1 😊 皆さんは紙に上の句、中の句、下の句を五・七・五でそれぞれ別々に、自由に書き出してください。多少の字余り、字足らずはかまわないこととします。考えた句は、それぞれの箱の中に入れてください。

準備するもの
- 名刺サイズの厚紙
- サインペン

（吹き出し）「あおいそら」「さいふをおとし」

面白い言葉ばかりでなく、真面目な言葉も作ってもらう。このバランスが面白い俳句を作るうえで大切な要素となる。

上の句　中の句　下の句

例
上の句：「あおいそら」「みちあるき」「がっこうは」「おこられて」「しらないひと」
中の句：「さいふをおとし」「くらくなったら」「きぶんがわるく」「おいしくたべて」「みんなよろこび」
下の句：「さみしいよ」「きれいだな」「だいすきだ」「たべたいな」「こんにちは」

頭を使うゲーム | Part 3

2 上の句、中の句、下の句がそれぞれ30ほど完成したら、1人の人にそれぞれ1枚ずつランダムに見ないで引いてもらう。引き終わった3枚を上の句、中の句、下の句の順に並べてリーダーが発表する。

㉞ 五・七・五迷句作り

人数 5人以上　時間 60分

リーダー

作品例

かちました / キリンがないて / うらぎられ

かぶとむし / ガソリンのんで / あこがれる

リーダーはムードたっぷりにうたいあげる。

変な俳句もできるが、3回に1回は大爆笑となる。

おもしろくするコツ！

名作No.1や迷作No.1など、コンテスト形式にしてみましょう。

35 頭を使うゲーム

他の人と協力して言葉を作り出そう

ひらがな言葉作り

人数 30～100人
時間 20分
難易度 ★★☆

ゲームの進め方

1 紙とペンを参加者に配る。それぞれの紙に、マジックで好きなひらがなを一字だけ大きく書いてください。濁点などは書かないようにします。書き終わったら、よく見えるように胸の前にかざしてください。

準備するもの
- A4サイズの紙
- 太いマジック

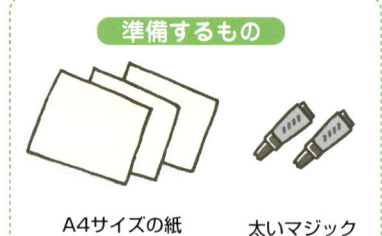

他の人によく見えるように大きな字を書く。

「ん」はなかまを作りやすいかな？

ぼくは、いちばん好きな文字にしよう

30～100人くらいまでが楽しいゲームです。人数が多くなるほどゲームの所要時間が長くなります。

頭を使うゲーム | Part 3

2 😀 では、これから私の言う「お題」から、他の人と協力して意味のある単語を作ってください。第1問は食べものです。食べものなら何でもOKです。2人以上で組んで言葉を作りましょう。なお、濁点はなくてもあるつもりで組み立ててけっこうです。できた組からここに並んでください。

3〜4分で締め切り、早くできた組から発表する。他の参加者は、うまくできていれば拍手をする。完成しなかった人は発表を見学する。

㉟ ひらがな言葉作り

人数 30〜100人　時間 20分

なかなかちょうどいいのがないなぁ。

ワーイそろったー!!

コッチコッチ

単語ができたら、順番にリーダーの横に並んでいく。

課題例：おいしいもの、こわいもの、愛に関係あるもの、美しいもの、痛いものなど

おもしろくするコツ!
「いちばん長い単語」「面白い単語」などの表彰部門を設定しましょう。

36 頭を使うゲーム

何のことを言っているのかな？
好きですか嫌いですか

人数	20人
時間	30分
難易度	★★★

ゲームの進め方

1 参加者全員がリーダーの見える位置につく。リーダーは1人の参加者（挑戦者）を選んで、前に出てきてもらう。

😊 挑戦者の人に、今からこの紙に書かれたものを当ててもらいます。ここに書かれているものを見せることはできませんが、予想してさまざまな質問に答えてください。

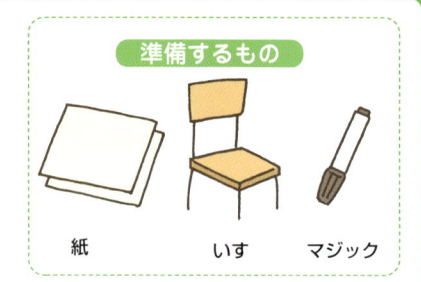

準備するもの
紙　いす　マジック

「挑戦者は前へどうぞ」

参加者は、拍手で挑戦者をむかえる。

挑戦者

パチパチ

リーダー

リーダーは、挑戦者に見えないようにお題を書いておく。

頭を使うゲーム Part 3

2 挑戦者には見えない形で、他の参加者には何が書かれているかを示す。挑戦者にはいすに座ってもらう。質問をリーダーから開始する。

あなたはこれが好きですか？

好き

八百屋さん

どこに行ったら買えますか？

参加者は挑戦者へのヒントとなるように、大きなリアクションをとる。

㊱ 好きですか嫌いですか　人数20人　時間30分

3 挑戦者は書かれているものが何かわかったとき、手を上げて答えることができる。まちがえた場合は、ワンミスとなり、質問を続ける。ツーミスでギブアップ。

わかった！カメ！

ちがいます

5分程度で質問タイム終了。
挑戦者のギブアップもあり。

出題例：初級＝りんご、キリン、自動車
中級＝おばけ、くじら、いす
上級＝東京タワー、総理大臣、宇宙

69

37 私は何？

頭を使うゲーム

上手に質問して、正解を導き出そう

人数	20人
時間	20分
難易度	★★☆

ゲームの進め方

1 参加者の中から挑戦者を1人決め、前に出てきてもらう。

😊 では、ここに座ってください。挑戦者のあなたの後ろに、今あなたが何であるかを示したイラストが描いてあります。これからあなたは皆さんに<u>質問して、あなたが何になっているのかをズバリ当ててください</u>。

準備するもの

いす　スケッチブック

イラストが準備できないときは、文字で示してもよい。

リーダー　挑戦者

リーダーは、挑戦者の真後ろに立って、絵を参加者に見せる。

2 😀 では、質問をどうぞ。皆さんは、質問には必ず答えてあげましょう。

- 私は人間ですか？
- 有名人ですか？
- はい
- 見たことはありますか？
- いま日本にいますか？
- いいえ

質問できる数を事前に決めておくとよいでしょう。

㊲ 私は何？　人数20人　時間20分

3 挑戦者は答えがひらめいたら解答できる。まちがえた場合は、再度挑戦してもよいし、リーダーの判断で正解を発表してもよい。

- おしい
- 昔話の主人公だよ
- 金太郎！

挑戦者の解答権は、3回までとする。

38 これを基本にして

どんな法則が隠されている?

頭を使うゲーム

- 人数 20人
- 時間 10分
- 難易度 ★★☆

ゲームの進め方

1 参加者は、リーダーの見える位置につく。

😊 これから、あるルールを見つけるゲームをします。まず、私の手を見てください（2本の指を立てている）。この手を基本にします。では、この指（5本の指を立てて）は、何本でしょうか？

参加者の多くは「5本」と答える。

😊 これは5本ではなく、2本です。

「これはいくつ？」と聞かれたひとつ前の指の数を言えば正解というルール。

「これを基本にします」→ 「これは2本です」**2本** → 「これは5本です」**5本** →

「これは何本？」**2本**

次は、何を出しても「4本」が正解

気づく人があらわれるまで何度も繰り返す。

答えは最後まで明かしてはいけません。何度でもやってあげて気づきを優先しましょう。

39 はがをハンド

早くトリックに気づけるか

頭を使うゲーム　Part 3

- 人数　2人以上
- 時間　10分
- 難易度　★★☆

ゲームの進め方

1

参加者全員がリーダーの見える位置につく。

😊 皆さんに3つの基本形を覚えてもらいます。まず、ひとつめ、（指で1を示して）これは1です。次は、（指で4を示して）これが2です。そして最後は（2を示しながら）これを3とします。
では、これはいくつでしょうか？（指で5を示して）

参加者の多くは5と答える。

😊 残念、ちがいます。正解は1です。もう一度基本形をおこないます。

もう一度同じことを「は」「が」「を」を少し強調して言う。

- これは1です　「は」→1
- これが2です　「が」→2
- これを3とします　「を」→3
- では、これはいくつ？

ヒントに気づいた人が出たら、そのキーを言わないようにしてもらい、答えがわかった人はリーダーの問いかけに対する答えだけをはっきりと言ってもらう。

このゲームで大切なことは、キーを発見してもらうことにあるので、できるだけキーを教えないで、気づいてもらえるように配慮しましょう。

10分ほどで時間切れとし、キーを発表する。

40 頭を使うゲーム

記憶力と運が頼り
パネル合わせ算数勝負

- 人数　2人
- 時間　20分
- 難易度　★★☆

ゲームの進め方

1 裏返したカードをめくって種類を合わせるゲームをおこないます。

大きな紙に4×4のマスを書いたものを準備する。そして、5センチ角に切ったカードにイラストや点数を書き、同じものを2枚一組で16枚作っておく。カードの裏には何も書かないようにする。

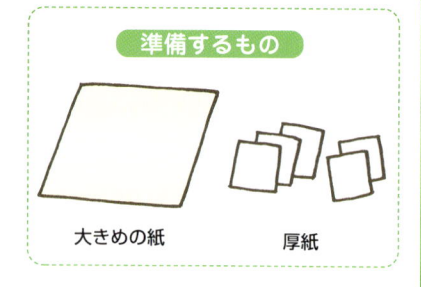

始めにジャンケンで勝敗を決め、勝った人が先攻後攻を選択する。後攻の人は、カードの字や絵を見えない状態にしてシャッフルし、ベースの16か所にランダムに裏返しておく。

準備するもの
大きめの紙　厚紙

カード例

裏返した状態でよくシャッフルし、並べていく。

カードを作るときは、コピーしたものを厚紙に貼りつけると簡単にできる。

ベースの1マスはカードより大きめに作る。

2 いよいよ勝負開始です。先攻の人はカードを1枚選んで、表向きにし、続いてもう1枚を表向きにします。もし、同じものが出れば、その一組のカードを獲得できます。そのカードに書かれている数字が得点となり、もう一度続けて引くことができます。引いたカードがちがった場合には、カードを元の裏返した状態に戻して、後攻の人が引くこととなります。
これらをカードがなくなるまで続けていきます。勝敗は獲得した枚数でなく、各カードの合計得点で決まります。

40 パネル合わせ算数勝負　人数2人　時間20分

これはさっき見たぞ・・・

めくったら必ず相手にもそのカードを見せるようにする。

ぼくの勝ち！

枚数はこっちのほうが多いのになあ・・・

勝負する回数を決めておき、総合計点数で競ってもよい。

おもしろくするコツ！
ベースのマスの数を5×5に増やすとより難しくなります。

41 右脳を鍛えよう オンリーワン

頭を使うゲーム

- 人数　1人
- 時間　20分
- 難易度　★★★

ゲームの進め方

1 このゲームは、おはじきを動かして解く、パズルゲーム。紙に図のような丸を描いてゲーム盤を作る。

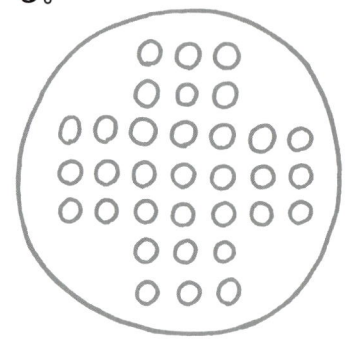

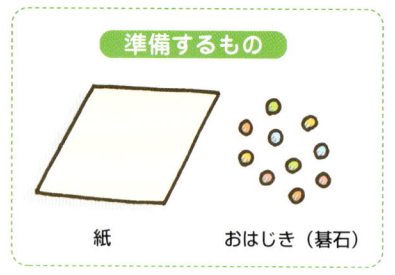

準備するもの：紙、おはじき（碁石）

丸の大きさは、おはじきなどに合わせる。

2 まず、おはじきを並べて、問題を作る。下の図は「カモメ」という問題。おはじきは、下の図のようにどれかひとつを縦か横方向にひとつ分飛び越して移動させることができる。飛び越されたおはじきは取り除くことができる。ただし、飛び越すおはじきは、必ずとなりのおはじきに限られ、斜めに飛び越すことはできない。

問題例：カモメ

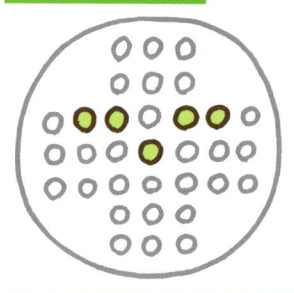

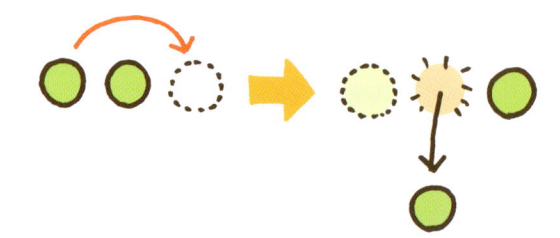

おはじきをひとつ分飛び越す。

飛び越されたおはじきを取り除く。

3

盤上からどんどんおはじきを減らしていき、最後に残ったおはじきが、盤の中心の丸に収まるとゴールとなる。

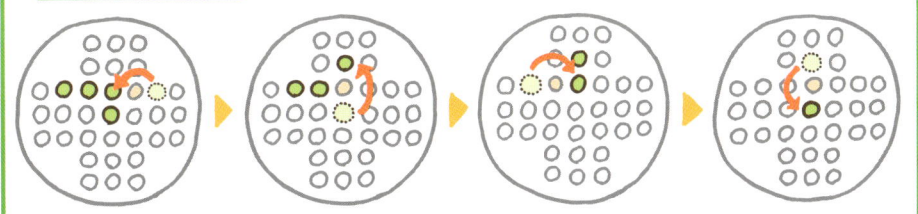

カモメの解答例

まず右はしの
おはじきを移動。

中央のおはじき
を真上に。

左はしのおはじき
を右へ移動。

上から下へ移動
してゴール。

問題例　自分自身のオリジナル問題も作ってみよう！

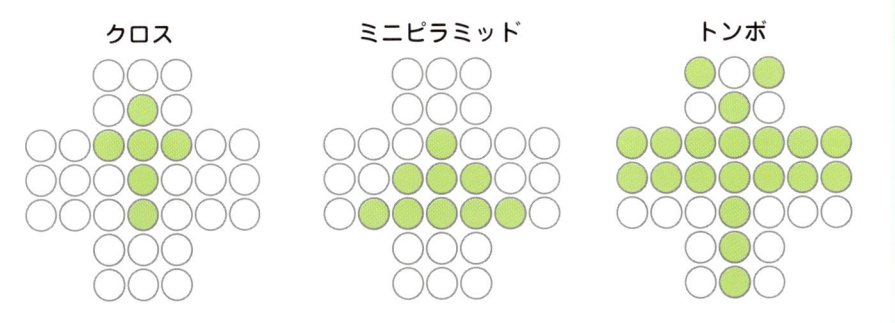

クロス

ミニピラミッド

トンボ

クロスの解答例

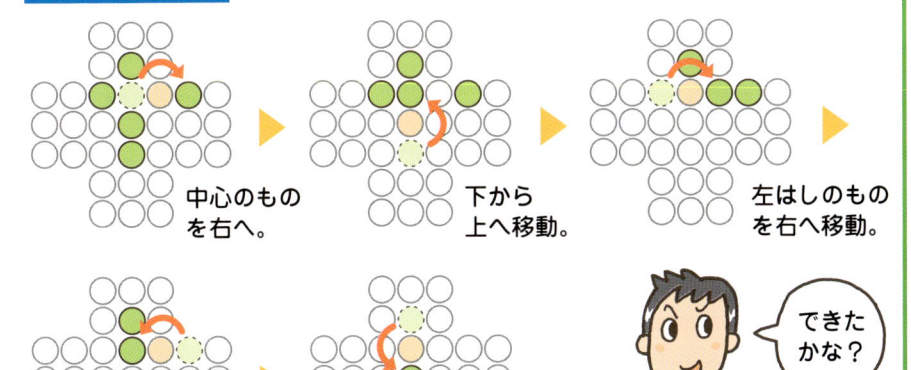

中心のもの
を右へ。

下から
上へ移動。

左はしのもの
を右へ移動。

右はしの
ものを左へ。

上から下へ移動
してゴール。

できたかな？

㊶ オンリーワン　人数1人　時間20分

もっと楽しむために！

ノリの悪い人をゲームに引き込むには

ルール説明などの際、うなずく行為は「わかりましたか？」という問いかけや、「わかりました！」という理解を示すサインとなります。このうなずきを、ノリの悪い人への対処法として活用してみましょう。

> これから皆さんと一緒に、ゲームを始めたいと思います。まず、簡単なゲームから始めてみましょう！

> ルールはやさしいので、気軽に楽しんでください！

このように呼びかけるとき、赤字の部分で参加者に顔を向けてうなずきかけます。最初は鈍いうなずきしか返ってこないでしょうが、だんだん反応がよくなるはずです。

これは、自分の存在を認めてもらっていることを意識することで、参加意欲が芽生えてきたためです。

ゲームをするときには、1人でもマイナス思考の人がいると全体の流れに大きく影響してくるので、早い対処が必要です。

Part 4
室内でするゲーム

あまり広くない場所でも楽しめるゲームから、広いスペースを利用して大勢で楽しめるゲームまで、室内でおこなうゲームを紹介します。

㊷ 拍手で集まれ ……… 80
㊸ 誕生月集まれ ……… 81
㊹ お金持ち日本一 ……… 82
㊺ アカンベー鬼 ……… 84
㊻ ナンバーコール ……… 86
㊼ 陸海空 ……… 88
㊽ キャプテン探し ……… 90
㊾ いす取りゲーム ……… 92
㊿ 1・2・拍手 ……… 94
51 キャッチ1・2・3 ……… 95
52 ジャンプでコンニチハ ……… 96
53 サイン集め ……… 97
54 有名カップル探し ……… 98
55 カードジャンケン合戦 ……… 100
56 カット合体一番勝負 ……… 102
57 風船おつき合い ……… 104

42 拍手で集まれ

室内でするゲーム

グループ作りにも活用できる

人数	30〜100人
時間	10分
難易度	★☆☆

ゲームの進め方

1 参加者全員バラバラに広がった状態から始める。

😊 さあ、両手を上げてください。私が「セーノ！」と言ったら拍手を1回してください。そして、続けて「セーノ！」と言ったら拍手を2回、またまた続けて「セーノ！」と言ったら3回、とセーノ！を続けるとその分拍手が増えていきます。私が途中で「ハイ、どうぞ！」と言ったら、その時まで続けて言ったセーノの数の人数で集まってグループを作ってください。グループができたら手をつないで座りましょう。それでは「セーノ！」。

「セーノ」5回の場合

セーノ！
ハイ！どうぞ！
リーダー

うまくグループに入れなかった人に、リーダーがインタビューすると面白い。

人数を調整できるので、次のゲームで必要な人数を揃えたり、班を作ったりするのに便利です。

43 誕生月集まれ

ヒソヒソ話で仲間を探そう

室内でするゲーム Part 4

- 人数：30人以上
- 時間：20分
- 難易度：★★☆

ゲームの進め方

1 😊 参加者全員がリーダーの見える位置につく。
自分と同じ誕生月の人を全て見つけてグループを作ってください。ただし、ルールとして、常に1人の人とヒソヒソ話で「私は8月生まれですが、あなたは、何月生まれですか？」と誰にも聞かれないように会話をしなくてはいけません。もし、同じ月の人と出会ったら、その人と手をつなぎ、さらに他にいないか探してください。

ヒソヒソ

リーダーは頃合いを見計らって、ストップをかけ、グループごとに集まってもらう。

2 😊 これから、正しく集まっているか確かめます。自分の誕生月を呼ばれたら、大きな声で手を頭上に上げながら、「オー！」と叫んでください。

12回おこなう。完全にグループができたときは拍手。

オー！　オー！

3月生まれの人！

リーダー

このゲームの最大のポイントは、呼ばれた誕生月の後の「オー！」にあります。1人でも漏れた場合は、笑いが生まれます。「オー！」の練習を事前にしておくのもよいでしょう。

44 お金持ち日本一

ジャンケンで大金持ちに

室内でするゲーム

- 人数 30～100人
- 時間 40分
- 難易度 ★☆☆

ゲームの進め方

1

紙で作ったお金を用意し、1人に7枚ずつ配る（くれぐれも本物のお札を使わないように）。

ジャンケンでお金を増やしていくゲームをおこないます。まず1回戦です。対戦する人を決めて、最初に握手をしてください。そして、それぞれの紙幣を1枚床におき、ジャンケンをします。勝った人は床にある2枚の紙幣をもらうことができます。最後に握手をして別れ、さらに新しい対戦相手を見つけてゲームを続けてください。

1回戦

ジャンケンポン

紙幣がなくなってしまった人は、指示された場所で待機。1回戦（3～5分程度）終了後、各自の獲得枚数を発表してもらう。

室内でするゲーム | Part 4

2 😊 2回戦は、対戦する人と勝負の前に何枚賭けるか相談して決めてください。その後は1回戦と同じようにすすめます。

2回戦

「では、2枚賭けましょう。」

お金がなくなってしまった人には、リーダーが3枚だけ貸し出す。ただし、儲けたお金の半分を最終成績発表の前に返金することとする。借りたお金を使い果たしてしまった場合は、成績発表前に「ごめんなさい」と謝ってもらう。

3 😊 3回戦は、複数の人（2〜5人）で集まってください。賭ける枚数を相談して、1人が勝ち残るまでジャンケンを続けてください。

3回戦

「セーノ！ジャンケンポン」

最終成績を発表し、いちばんのお金持ちを決定する。

お金をそれぞれ床におくことがポイントになります。自分の出したお金のことを忘れ、何倍ももらってうれしいという錯覚が発生します。

㊹ お金持ち日本一　人数30〜100人　時間40分

45 アカンベー鬼

室内でするゲーム

犯人探し以上に演技力で盛り上がる

人数	30〜100人
時間	10分
難易度	★★☆

ゲームの進め方

1 😀 これからオニを見つけるゲームをおこないます。最初に何人かオニを決めます。オニになった人は、他の人に気づかれないようにしてください。では・・・オニは4月生まれの人！

「オニは4月生まれの人！」

「ぼくだ・・・」

オニの数は、全体の人数の5％くらいを目安とする。

室内でするゲーム | Part 4

2 😊 皆さんは、オニが誰か注意深く観察しながら会場内を自由に歩いてください。オニは、皆さんをアカンベーで攻撃します。

オニは、攻撃するとき他の人に気づかれないようにアカンベーする。

3 😊 もし、アカンベーの攻撃をうけたら、ビックリせずに10秒間はそのまま歩き続けてください。そして10秒後に大きな悲鳴をあげて「ギャー！」「やられたー！」などとジェスチャーを交えて倒れた後、静かにしていてください。

ギャー やられたー

オニにアカンベーをされた人の演技力と声が、ゲームを盛り上げるポイントとなる。

だれ？
だれ？

オニがわかった人は、リーダーにコッソリ耳打ちする。正解した人からゲームをぬけていく。

10分ほどでゲーム終了。もしくは全体の30％くらいの人がクリアした時点で終了してもよい。

㊺ アカンベー鬼　人数30〜100人　時間10分

46 室内でするゲーム

リズミカルなテンポがつつチよい
ナンバーコール

人数	5～10人
時間	15分
難易度	★★☆

ゲームの進め方

1 参加者は円陣を作り、円の中央を向き、両手を前に出してポーズをとる。

😊 皆さんに1番から順番に番号をつけます。つけられた番号があなたの番号となります。次にリズムを覚えましょう。

覚えるリズム

パチ！ パチ！ チョイ！ チョイ！（拍手2回と左手の親指だけを立てて左横に倒す動作及び右手の親指だけを立てて右横に倒す動作）を何回か練習する。

「パチ！」「パチ！」 　　「チョイ！」「チョイ！」

室内でするゲーム | Part 4

2

😀 それではルールを説明します。まず、1番の人から始めます。1番の人は、パチ！ パチ！ チョイ！ チョイ！ のリズムに合わせて、チョイ！ チョイ！ のときに、「1、5」と自分の番号と呼び出したい人の番号を続けて言います。これで5番の人が呼び出されたので、5番の人はパチ！ パチ！ チョイ！ チョイ！ のリズムを乱すことなく、自分の番号と呼び出したい人の番号を言い、これを続けていきます。<u>リズムを乱したり、ない番号を言ったりした人は負けとなり、その番号がゲームから消えていきます。</u>

㊻ ナンバーコール

人数 5〜10人 時間 15分

パチ パチ 「1・5」

パチ パチ 「5・3」

1　2　3　4　5

パチ パチ 「2・4… あっしまった！」

最後の2人が残るまで続ける。チャンピオンは2名誕生することになる。

参加者の数が二桁になると発音しづらく、聞き取れないケースも出てくるので10人以下でやるとよいでしょう。

おもしろくするコツ！ ゆっくりなパチ！ パチ！ チョイ！ チョイ！ から始めますが、なれてくるに従って、テンポアップしていきましょう。

47 室内でするゲーム

コミカルな動作をすばやくおこなおう

陸海空

人数 **20人以上**
時間 **20分**
難易度 ★★☆

ゲームの進め方

1 参加者は円陣を作り、円の中央を向く。

😊 これから3つの動作を覚えてもらいます。これらの動作は全て3人でおこないます。まず、陸です。陸は象です。3人の中央の人が象の鼻役となり、両手を揃えて上下左右に振りながら「パオーン！パオーン！」と鳴きましょう。

陸
パオーン！パオーン！

左右の人は、中央の人と肩を組んで空いたほうの手を大きく動かし耳を演じる。

2 😊 次は海です。海は鯨です。中央の人は、両手で鯨の潮吹き噴水をおこないながら「シュワー！シュワー！」と擬音をつけましょう。

海
シュワー！シュワー！

左右の人は、中央の人と肩を組んで空いている手でヒラヒラと波のジェスチャーをおこなう。

3 😊 最後は空です。空はカラスです。中央の人は、両手を口のそばに添えて「カアー！カアー！」と鳴きましょう。

空
カアー！カアー！

左右の人は、中央の人と肩を組んで空いている手でバタバタと翼の動作をおこなう。

室内でするゲーム | Part 4

4 😃 さて、ゲーム本番です。これから私が、「陸海空、陸海空、陸海空」と言いながらこの円の中をまわります。そして、ある人の前で陸海空のうちひとつを叫んで指差します。<u>差された人は、その差された内容の動作の中央の人になって演技します。もちろん、左右の人も決められた演技を正確におこなわなくてはいけません。</u>

ゲームは20分ほどおこなう。スムーズにできたときは、全員で拍手を送る。

カアーカアー
パチパチ
パチパチ

陸海空
陸海空
空！

リーダー

47 陸海空　人数20人以上　時間20分

練習をやりすぎると、戸惑いから生まれる笑いがなくなりますので、ほどほどにしましょう。

おもしろくするコツ！ リーダーが、陸海空と言いながらまわるときに指を差したり、フェイントをかけるなどしてみましょう。

48 キャプテン探し

室内でするゲーム

推理力と洞察眼が決め手

- 人数 20人以上
- 時間 20分
- 難易度 ★★☆

ゲームの進め方

1 参加者は円陣を作り、円の中央を向く。

😀 私とジャンケンをして、最後まで負けた人が探し役となります。

「ジャンケンポン」
「ぼくが探し役だ」
リーダー

ジャンケンをする参加者が残り少なくなったら、参加者同士でジャンケンをしてもよい。

探し役になった人は、一時会場から離れる。

2 😀 では、探し役がいなくなったので、次にキャプテンを指名します。キャプテンは、拍手をするとか、右手を頭に乗せるといった動きのある動作をしてください。他の人は、できるだけすばやくキャプテンと同じ動作をおこなってください。なお、キャプテンは時々動作を変えなければなりません。

キャプテンの動作の一例

- 手を合わせる。
- 拍手する。
- 右手を頭に乗せる。
- 顔を指差す。
- 肩に手をおく。

室内でするゲーム　Part 4

3 😊 では、全員拍手で探し役を迎え入れましょう。

探し役

会場へ探し役が入ってくる。参加者は探し役が円の中央に立ったら動作スタート。

4 😊 この中に、皆の動作を誘導しているキャプテンがいます。それが誰かを発見してください。わかったらその人の前に行って指差してください。3回以内に当てることができなければ負けとなります。では、スタート！

うーん　難しいな

キャプテン

参加者は目線でバレないように、キャプテンを見つめすぎないようにする。

キャプテンの動作チェンジは、探し役に気づかれないようにおこないますが、大胆な動作変化は、すぐに気づかれてしまうので、微妙な変化にとどめましょう。

48 キャプテン探し　人数20人以上　時間20分

49 室内でするゲーム

レクリエーションゲームの代表格

いす取りゲーム

- 人数 **5人以上**
- 時間 **20分**
- 難易度 ★☆☆

ゲームの進め方

1 いすを参加者の人数分、円に配置する。

😊 全員いすに座ってください。今からひとつだけいすを取り除きます。では、立って同じ方向へ歩いてください。そして、私が「ハイ！」と言ったら、直ちに近くのいすに座ります。もし、座れなかったら失格となってしまいます。いすの数は徐々に減っていきます。

リーダー

失格となった人は、円の外に出る。最後まで残った人がチャンピオン。

座る際には、ケガに十分注意するよう促しましょう。

室内でするゲーム | Part **4**

2 いすがないときは、新聞紙などを使う。また、屋外でおこなう場合には、履いている靴の片方をいすの代わりにして、ケンケンで動きまわるパターンにしても面白い。

㊾ いす取りゲーム 人数 5人以上 時間 20分

ケンケンは体力的にハードなので、大人数でおこなうのはひかえる。

同じ方向へ歩くときには、全員で手をたたいたりしても盛り上がりが増す。

おもしろくするコツ！
音楽があれば、音を止めたときが「ハイ！」の代わりとなります。

50 室内でするゲーム

苦手な人はとことん苦手
１・２・拍手

- 人数　5〜10人
- 時間　10分
- 難易度　★★☆

ゲームの進め方

1

参加者は円陣を作り、円の中央を向く。

これから、スタートの人から順番に数字を言ってもらいます。ただし、3と3の倍数が出たときは、その数を言わずに、拍手をしてください。また、13や23のように3がつく数字も番号を言わずに、拍手だけとなります。それでは、始めはゆっくりとやってみましょう。

ゲームのゴールは、一応25までとしておく。もちろん、続けてもよい。まちがえた人が出たら、次の人から新たに「1」から再スタート。

言わない数字
3, 6, 9, 12, 13, 15, 18, 21, 23, 24・・・

まちがえた人にペナルティーなどを課すようなことは厳禁です。
この種のゲームには、得意不得意が存在するので、十分配慮するようにしましょう。

おもしろくするコツ！
リーダーが輪をまわりながら次に言う参加者の顔付近を指で差していくことで、緊張感が高まります。指を差すテンポを変えることで、ゲームの難易度を調整することができます。

室内でするゲーム | Part 4

51 室内でするゲーム

円陣ゲームの代表格
キャッチ1・2・3

- 人数　5人以上
- 時間　20分
- 難易度　★☆☆

ゲームの進め方

1

参加者は円陣を作り、円の中央を向く。

😀 左の手のひらでつぼを作り、右の手は人差し指1本を立てます。そして、立てた指を右どなりの人のつぼの中にしっかりと入れます。今から私が「キャーーー」と声を出しますが、突然「キャッチ！」と言います。その時、左手は相手の人差し指をつかみ、右手はつかまれないように逃げてください。相手をつかまえて、自分が逃げた場合には、1点獲得できます。

2回戦は、手を逆にして、左手の人差し指を立てて、右手をつぼにしておこなう。

2

😀 3回戦は、左手の中指をおへそのあたりにあて、右手は右どなりの人の腕に後ろから前に通してください。「キャッチ！」で左手を絞って相手の腕を抜けないようにし、右腕はすばやく抜きとってください。

3つのパターンを合計10回ほどおこなって、その合計数で勝負及び順位を決定する。

「キャーーー」の声かけで、さまざまなフェイントが利用できますが、使いすぎに注意しましょう。

52 室内でするゲーム

すばやくカップルが作り出せる
ジャンプでコンニチハ

人数　10人以上
時間　10分
難易度　★☆☆

ゲームの進め方

1 参加者は円陣を作り、円の中央を向く。

😊 これから、皆さんの中からカップルを作ってもらいます。私が「セーノ！ ジャンプ！」と言ったら、ジャンプして左右どちらかに90度方向転換してください。その結果、となりの人と顔と顔が向き合ったらカップル誕生です。しかし、相手の後頭部が見えたら失敗で、再チャレンジとなります。

「セーノ！ ジャンプ！」

リーダー

ジャンプ後の振り向きなおしは、ルール違反となりますので、事前に注意しましょう。

向かい合った人は輪から抜け、残った人で同じことを繰り返す。再チャレンジは、5人前後の人が残るまで続ける。

サイン集め

自己紹介を兼ねたジャンケンゲーム

- 人数：20〜100人
- 時間：20分
- 難易度：★☆☆

ゲームの進め方

1 これから、皆さんにサインを集めてもらいます。まず、用意した紙を3回折って、折れ線で8個のマスを作ってください。
私のスタートの合図とともに、近くの誰か1人を見つけて、握手してからジャンケンを1回だけおこないます。<u>勝った人は、負けた人のサインを自分の用紙のマスひとつに書いてもらうことができます。</u>勝敗がついたら、他の人を見つけて次々とジャンケンしてください。

準備するもの
- 紙
- 筆記具

8マス全部サインで埋まった人から、あがりとなり、リーダーの横に順番に並んでいく。

初対面の人同士でゲームをおこなうときは、必ず氏名が読めるように書かせましょう。これで、会場の中から書いた人を探し出して、もう一度サインをもらうというゲームもおこなえ、親睦が深まります。

54 室内でするゲーム
他人を見てここを知る
有名カップル探し

- 人数 **30人**
- 時間 **10分**
- 難易度 ★☆☆

ゲームの進め方

1 😊 2人一組のパートナーを探すゲームをします。

2つで一組となる、カップル名が書かれたカードを作る。B5サイズの紙にひとつずつカップル名を書き、首かけ用のヒモを通しておく。

リーダーは、参加者にカードを見られないようにしながら後ろ向きにカードを首にかける。

準備するもの
- B5サイズの紙
- ヒモ

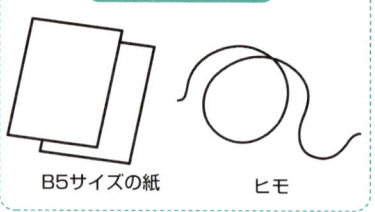

カードの文字は、できるだけ大きく書いておく。

カードに書くカップル名の例
- 太郎・花子
- ロミオ・ジュリエット
- 浦島太郎・乙姫
- ミッキー・ミニー
- リンリン・ランラン
- おじいさん・おばあさん
- タロー・ジロー
- ウサギ・カメ
- ドラえもん・のび太
- おりひめ・ひこぼし
- ジョンレノン・オノヨーコ
- 王様・王女様
- 右大臣・左大臣
- 新郎・新婦
- ウッチャン・ナンチャン
- 砂糖・塩
- タッキー・翼
- 洋式・和式　など

誰もがカップルだとわかるようなものを選ぶ。

室内でするゲーム Part 4

2 😊 これから皆さんに、私のスタートの合図で、自分とカップルになる人を探してもらいます。いろいろな人の背中のカードを見ていると、誰と誰がカップルかわかってきますので、あまっている人があなたのカップルとなるはずです。

他の人の背中の文字を見て、自分の背中の文字を推理する。あいさつはOKだが、会話は厳禁。

54 有名カップル探し　人数30人　時間10分

3 😊 この人だと思った人と、私のところへ来てください。

OKです

やった！

リーダーが正しいカップルかどうか判定する。

参加者が多い場合は、半数を見学者にしてゲームをおこなうとよいでしょう。

55 室内でするゲーム

戦略を立てていざ勝負！
カードジャンケン合戦

人数	15人
時間	20分
難易度	★☆☆

ゲームの進め方

1 名刺サイズのカードに「グー」「チョキ」「パー」のイラストを描いたものを各30枚（参加者15人の場合）用意する。
※以下参加者15人の場合で説明。

準備するもの

名刺サイズの紙

カードを作るときは、コピーしたものを貼りつけると簡単。

2 😊 これから皆さんの持っているカードを使って、ジャンケンしてもらいます。まず皆さんに各カードを2枚ずつお渡しします。この時点で、皆さんは「グー」「チョキ」「パー」のカードを均等に持っていることになります。

どういう順番でカードを出すか作戦を立てる。

室内でするゲーム　Part 4

③ 😊 ジャンケンに負けた場合には、出したカードを相手にとられます。手持ちのカードを上手に使ってたたかってください。

「ジャンケンポン！」

1回勝負をしたら、相手を変えるようにする。

カードは「ジャンケンポン！」で同時に出す。

55 カードジャンケン合戦　人数15人　時間20分

④ 途中で2回ほどその時点の成績を報告してもらう。制限時間までに、カードをいちばんたくさん持っている人が優勝となる。

パーをたくさん持ってたな…

時間内でも、カードがなくなった人はゲームオーバーとする。

途中経過の発表のとき、手持ちのカードの合計数と、グー、チョキ、パーそれぞれの枚数も発表してもらう。その後の対戦でのよい参考となる。

ゲームオーバーとなった人に、リーダーが手持ちカードを何枚か貸す展開にしてもよいでしょう。

56 カット合体一番勝負

室内でするゲーム

パートナーを探し出せ

- 人数　30人
- 時間　10分
- 難易度　★☆☆

ゲームの進め方

1 はさみを使って、1枚の絵ハガキもしくは絵を描いた厚紙を、2つに分けてカットしておく。

準備するもの
- 絵ハガキ 
- 絵を描いた厚紙 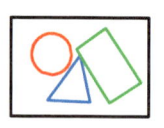

くねくね切るなどしてちがいを出して楽しむ。

はさみを使うときは、ケガをしないよう注意する。

図柄がある絵ハガキなどは、比較的ゲームが簡単になる。

室内でするゲーム Part 4

2 リーダーは参加者にカットされたピースの紙を渡す。
😊 これから、2つに分かれた絵を完成させてもらいます。私の合図で、うまくピースが合う人を1人探し出してください。

必ず握手をしてからお互いに見せ合い、ピースを合わせあうようにする。

㊶ カット合体一番勝負　人数30人　時間10分

3 😊 相手を発見できたら、早くできたペアから私の横に並んでいってください。

OK！
やったー！

リーダー

早くできた順に発表していく。

おもしろくするコツ！ カットピースを無地にしたり、3ピースに数を増やしたりなどすると、難易度がアップします。

103

57 室内でするゲーム

どこまで続けられるかな
風船おつき合い

人数 **30人**
時間 **10分**
難易度 ★☆☆

ゲームの進め方

1 ゴム風船に空気を入れてから、ヘリウムガスを注入する。ガスの割合で落下速度が変わるので、ほどよく調節する。

準備するもの
- ゴム風船
- ヘリウムガスボンベ（玩具店で購入できる）

まず風船に空気を入れる。

次にヘリウムガスを入れる。

投げるとふわっと上がって、しばらくすると落ちてくるくらいに調節する。

室内でするゲーム Part 4

2 参加者は円になって、円の中心を向いて立つ。

😊 これから協力し合って風船を床に落とさないようについてください。風船はつかまないように、手でつくようにします。足でけるのは危険なのでやめましょう。何回連続でつけるでしょうか。それではスタート！

57 風船おつき合い

人数 30人　時間 10分

参加者同士がぶつからないように気をつける。

足を使って風船をつくのは反則。

目標回数を決めたり、時間をはかって、どれだけ長い間床に落とさずにいられるかを競ってもよいでしょう。

> もっと楽しむために！

子どもたちのやる気を引き出す"ごほうび"

　子どもたちは本来、遊びに対して自然と興味を示すものです。ただ、時にはリーダーが子どもたちのやる気を引き出さなくてはならない状況もあるでしょう。
　その場合効果的なのは、ゲームに"ごほうび"の要素を加えることです。以下に3つの例を紹介しましょう。

1 手作り賞状
絵手紙的な手書きの賞状。楽しい言葉や絵などを加えて作ります。また、パソコンを利用してＬ版サイズの写真用紙で、記録書や認定書を制作してもよいでしょう。イラストや写真も入れ込みます。

2 手作り金メダル
不要となったCDに金色のスプレー塗料をかけて、首かけ用のリボンを通して、栄光の金メダルとします。

3 おめでとう新聞
後まで残る結果の効果を利用し、新聞の形で残します。手書きでもパソコンを利用したものでも何でもＯＫです。自分の名前が出ているだけでも、次へのやる気が増します。

Part 5

チームでするゲーム

チームワークを発揮するものからキャプテンの判断力が
問われるものまで、チーム対抗のゲームを紹介します。

(58) お金持ち日本一団体戦 ‥108
(59) 剣道日本一 ‥‥‥‥‥110
(60) パーティー日本ダービー ‥112
(61) キャプテンジャンケン ‥114
(62) コインまわし発見対抗戦 ‥116
(63) 伝言ゲーム ‥‥‥‥‥‥118
(64) マンガコミュニケーション ‥120
(65) ジャンケン関所破り ‥‥122
(66) ブロックサインジャンケン ‥124
(67) 電線ジャンケン ‥‥‥‥126
(68) 赤白上げ下げ ‥‥‥‥128
(69) キャプテンはキミだ ‥129
(70) 算数チームバトル ‥130
(71) 加藤清正ジャンケン ‥132

58 チームでするゲーム

チームワークの天国と地獄
お金持ち日本一団体戦

- 人数：30〜100人
- 時間：40分
- 難易度：★☆☆

ゲームの進め方

1

基本的な展開は「お金持ち日本一」（p82）と同様。
まず、チームごとにキャプテンを決め、それぞれのチームに紙で作ったお金を同数配当しておく（くれぐれも本物のお金は使用しないこと）。

😊 キャプテンはチームが破産しないように注意しましょう。1回戦は、1人3枚ずつ紙幣を持って、腕試ししてみましょう。2回戦は、1回戦の成績をふまえてキャプテンが紙幣を配当してください。また、賭ける金額は対戦者同士で相談してください。

各回の対戦が終わるごとに各キャプテンがチームの合計金額を発表する時間を設ける。

1回戦／2回戦

「あなたには4枚支給します」
キャプテン

「2枚賭けましょう」

賭ける紙幣を床においてジャンケンをおこなう。

チームでするゲーム | Part 5

2 3回戦は、キャプテン対決です。自分のチームのキャプテンを応援しましょう。

3回戦

負けるな

がんばれ

賭ける枚数は、キャプテン同士で相談して決める。

3 最後の4回戦は、全員参加します。チームから1人ずつ集まって1人2枚の紙幣を出して、1人勝ちが決まるまでジャンケンをしてください。さあ、お金を独り占めするのは誰でしょうか。

4回戦

積極的に勝負に出るか、紙幣を大事に使うかチームごとに作戦を立てるようにアドバイスしましょう。

結果発表及び表彰式をおこなって終了。

58 お金持ち日本一団体戦　人数30～100人　時間40分

チームでするゲーム 59

一本勝ちできるか
剣道日本一

人数　**2人以上**
時間　**10分**
難易度　★☆☆

ゲームの進め方

1 参加者2人が一組になり、リーダーの見える位置につく。

😀 これから、ジェスチャーを使って剣道の試合をします。まずは、基本のフットワークと3つのポーズを覚えましょう。

フットワーク
剣道の竹刀を持っているように構え、前後に軽くフットワークをする。

メン
右手をおでこに添え、左手は真横に伸ばす。

ドウ
右手を左横腹に添え、左手は真横に伸ばす。

コテ
左手を前方に軽く出し、右手のひらを左手の甲のあたりに添える。

2

まず、互いにしゃがんだ状態でジャンケンをしてください。勝った人が先攻です。決まったら、立ち上がってフットワークをとりながら、先攻の人は「オチャーーーー！」と声を出し続けます。

先攻の人が「メン！」と声を出しその動作をした瞬間、後攻の人もメン、ドウ、コテの中からひとつポーズをしなくてはなりません。同じポーズをとったら後攻の人の負けです。ちがったポーズが出た場合は、攻撃権が移ります。今度は後攻の人が大きな声を出して攻めましょう。

> ジャンケンポン

> オチャーー！

互いに同じポーズが出るまで、攻撃権は移動する。

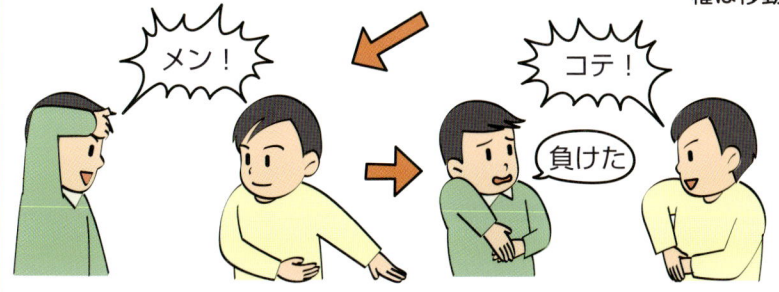

> メン！

> コテ！

> 負けた

ポーズを出すタイミングが遅れてしまった場合には、注意となり、攻撃権は移動せず、再度攻撃しなおしとなります（注意は2回で負け）。また、3種類のポーズと異なるポーズを出した場合にも同様の処置がとられます。

先に3回勝った方を勝者とする。

59 剣道日本一　人数 2人以上　時間 10分

おもしろくするコツ

フットワークは大げさにおこなってもらうと盛り上がります。

60 会場が競馬場に大変身
パーティー日本ダービー

チームでするゲーム

人数 20人
時間 20分
難易度 ★☆☆

ゲームの進め方

準備するもの

- A4の紙30枚（床に並べる）
- ダンボールで作ったサイコロ（1辺15cmくらい）
- 馬のぬいぐるみ4頭

1 😊 これからダービーがこの会場で繰り広げられます。こちらの4頭の馬のオーナーを決めましょう。
オーナーが決まったら、皆さんどの馬を応援するか決めてください。
参加者は応援する馬ごとに集まる。

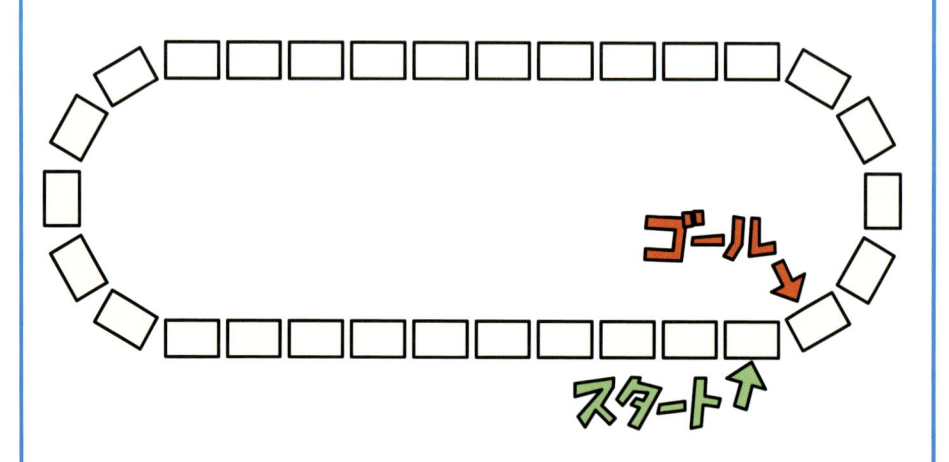

ゴール
スタート

競馬場のように4つのコーナーを作って並べる。

チームでするゲーム | Part 5

2 😀 では、これから各オーナーにサイコロを振ってもらい、すごろく風レースがスタートします。皆さんは、どの馬を応援しますか？

リーダーはレースの実況中継をして盛り上げる。

㊿ パーティー日本ダービー 人数20人 時間20分

オーナー

オーナーに中央でサイコロを振ってもらう。
勝敗は、早くゴールした馬順に決定。

1レースごとにオーナーを交替してもよい。

勝った馬を応援した人には賞品を出すことにすると、応援により熱が入ります。

おもしろくするコツ！
ぬいぐるみの馬に名前をつけ、オーナーに発表してもらうとムードが出ます。

61 キャプテンの責任重大
キャプテンジャンケン

チームでするゲーム

人数 **30人**
時間 **20分**
難易度 ★☆☆

ゲームの進め方

1 参加者を1チーム5〜7人ほどのチームに分ける。
😊 キャプテンがチームの代表者としてジャンケンでたたかいます。まず、チームのキャプテンを1人決めてください。

「負けるな」
「がんばれー」
「ジャンケンポン」

各チームは一列に整列する。
キャプテンは、列の前に出てきてジャンケンする。

チームでするゲーム | Part 5

2 😊 キャプテンが負けたチームは、私が指定したところまでチーム全員で「ワッショイ！ワッショイ！」と言いながらランニングしてここに戻ってこなければなりません。
なお、負けたキャプテンはランニングに行かなくてよいこととします。

ジャンケンする回数は事前に決めておく。

3チーム以上の場合には、ランニングするのが1チームのみになるまでジャンケンをおこなう。

ワッショイ　ワッショイ

キャプテン

61 キャプテンジャンケン　人数30人　時間20分

3 😊 いちばん多く負けたキャプテンは、チームメイトにうらまれる前にあやまっておきましょう。

キャプテンが、最後にメンバーにあやまる時間を設けてもよい。

気にするなよ〜

また負けた…

キャプテン替えの要求がおこることがあります。対応してあげましょう。

115

62 チームでするゲーム

演技力が重要なサスペンスゲーム
コインまわし発見対抗戦

- 人数　10〜20人
- 時間　20分
- 難易度　★★☆

ゲームの進め方

1

1チーム5人程度で一列になり、2チームが向かい合う。

😀 今からチームごとに10円玉をまわしていきます。チームの代表者同士でジャンケンをして先攻を決めます。10円玉を最初の人に渡しますので、両手で包むように持ってください。そして、となりの人も両手で包み、隠すように10円玉を渡していくか、渡すフリをします。10円玉を渡し終わっても、手は合わせたままにしておきましょう。

準備するもの

10円玉

リーダーの合図で、上から下に落とすように渡していく。
10円玉は、1往復させる（フリでもよい）。

Part 5 チームでするゲーム

62 コインまわし発見対抗戦
人数 10〜20人　時間 20分

2 😀 さて、1往復しました。敵チームは誰が10円玉を持っているのかを当てましょう。チームで相談して指差してください。指名された人は、手をほどき、ゆっくり見せてください。1回目で当てれば30点、2回目では20点、3回目では10点となります。

本当は
ぼくだよ…

残念！

10円玉を持っているのはキミだ！

この展開を交互に繰り返し、先に100点を獲得したチームを勝ちとする。

渡すときにコインを落とした場合は敵のチームに10点プレゼントし、列の最初から再スタートします。

63 伝言ゲーム

チームでするゲーム

まちがった伝わり方で笑いが発生

人数	20人
時間	20分
難易度	★★☆

ゲームの進め方

1 1チーム4〜6人で一列に並び、列の最後の人にメモ用紙と筆記具を渡しておく。
リーダーは、各チームの先頭の人に伝言文を見せる。

😀 これから皆さんには、先頭の人から順にある文章を伝えてもらいます。

準備するもの
メモ用紙　筆記具

チームとチームの間隔は、少し離しておく。

フムフム

メモは先頭の人以外に見えないようにする。

リーダー

チームでするゲーム | Part 5

2 😃 先頭の人は、列に戻ってまわりの人に聞こえないように伝言してください。最後の人まで伝言が伝わったら、最後の人はその内容をメモに書いて私に渡してください。ゲームの順位は、伝達スピードと伝言の正確さの総合判定とします。

ゲーム中、チームの仲間同士の
会話は禁止とする。

㉖ 伝言ゲーム　人数20人　時間20分

3 リーダーは、各チームの伝言内容を発表し、最後に正解を発表する。

「生後3週間の天才数学者の太郎さんは、毎朝6時に起きて花に…」

先に正解を発表してから、各チームの伝言内容を発表してもよい。

伝言例
- 太郎さんと次郎さんは、朝6時半ののぞみ号で新大阪に向かった。
- 赤いチューリップを花子さんは、母の日にお父さんの三郎さんへ3本贈った。

119

64 マンガコミュニケーション

マンガやイラストだけが頼り

チームでするゲーム

人数	20人
時間	30分
難易度	★★★

ゲームの進め方

1 5人一組ほどのチームを作り、代表者1人を選んでもらう。これから代表者にだけ、ある単語を見せます。代表者はチームに戻り、見せられた単語をイラストで伝えなければなりません。当然、しゃべったり文字を書いたりしてはいけません。

各チームの間隔は、ある程度離しておく。

リーダー

チームでするゲーム | Part 5

2
チームのメンバー同士で相談して正解を出してください。ただし、答えは他のチームに聞かれないように注意しましょう。早く正解にたどりついたチームが勝ちです。

制限時間は2〜3分ほど。

絵を描いている代表者に質問をしないこと。

64 マンガコミュニケーション　人数20人　時間30分

3
正解の単語がメンバーから発せられた瞬間に代表者は「拍手」をする。

パンダ？

パチパチ

問題を複数おこなって順位を目安に勝敗を決めていく。

代表者は、問題ごとにチーム内で入れ替わるようにしましょう。単語例：ネコ、パンダ、スマップ、総理大臣など

65 ジャンケン関所破り

白熱のジャンケンリレー

チームでするゲーム

人数	50人
時間	30分
難易度	★☆☆

ゲームの進め方

1 1チーム10人ほどのチームを作る。スタートラインとジャンケンマンの位置を決めておく。

😊 各チームジャンケンマンを1人決めてください。ジャンケンマンの方はこちら。皆さんはスタートラインに並んでください。

ジャンケンマン

ジャンケンマンとチームの間隔は10メートルほど離す。

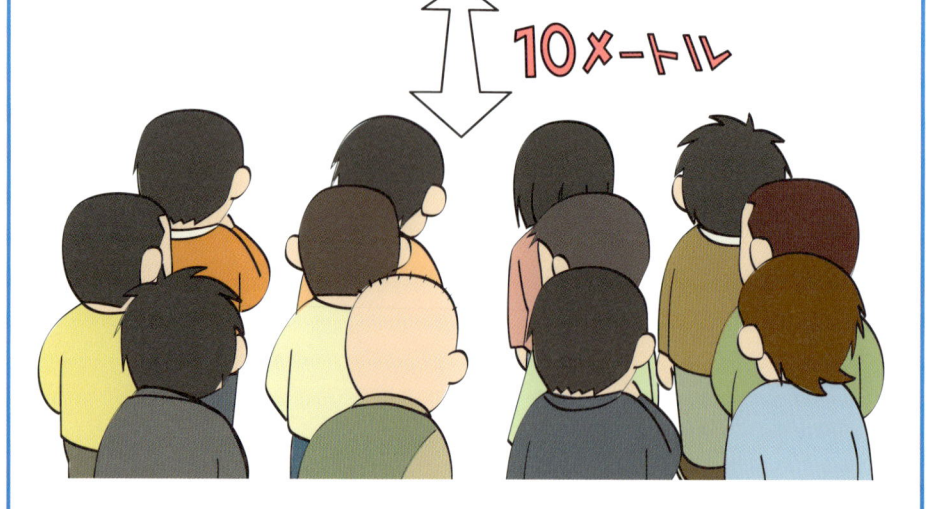

10メートル

チーム数は5チームくらいが最適。人数にばらつきが出る場合は、同じ人が2回ジャンケンをするなどして調節する。

チームでするゲーム | Part 5

2 😊 私の「レディー ゴー」の合図でゲームスタートです。皆さんは、順番にジャンケンマンのところまで走っていき、ジャンケンをします。ジャンケンに勝ったら、ジャンケンマンの後ろをまわって戻り、次の人にタッチしてあがります。負けた場合は、すぐに次の人とタッチしてから列に戻り、ふたたびジャンケンとなります。勝つまで何度もジャンケンマンと勝負しなければなりません。では、レディーゴー！

㉕ ジャンケン関所破り

人数 50人　時間 30分

勝敗は、早くチーム全員が勝ってゴールした順に決まる。

あがった人は、少し離れた場所からゲームが終わるまで応援する。

ジャンケンマン

勝った！

負けた・・・もう一回やらなきゃ

チームの人数が多い場合は、アイコはジャンケンマンの負けというルールにしておくと時間の短縮ができます。

66 ブロックサインジャンケン

チームでするゲーム

秘密のサインで敵と勝負

人数 10人
時間 10分
難易度 ★☆☆

ゲームの進め方

1 1チーム5人程度で2チームが互いに向かい合う。

😊 これから体のいろいろな部分を触って合図を送るゲームをします。例えばグー、チョキ、パー、キーのサインを次のように決めます（下図）。キーのサインは相手チームにわからないように相談して決めましょう。キャプテンはキーのサインの次にグー、チョキ、パーのいずれかのサインを出してチームのメンバーに伝えてください。皆さんはキーのサインを出した次のジャンケンを出してください。

ブロックサインの一例

グーのサイン	チョキのサイン	パーのサイン	キーのサイン
オデコを触る。	アゴを触る。	胸を触る。	左手の甲を触る。

髪の毛→耳→鼻→お腹→手の甲→アゴ→耳→胸→拍手2回（終了の合図）でアゴのチョキを出せということになる。

チームでするゲーム | Part 5

2 😀 チームでキャプテンを決める。
それでは、キャプテンはブロックサインを送ってください。

キャプテンのサインは
一度だけとする。

⑥⑥ ブロックサインジャンケン 人数10人 時間10分

3 😀 チームでジャンケンが揃わなかったら、その時点で負けですよ。セーノ！ジャンケンポン！

ジャンケンポン！

リーダーの合図でジャンケンをする。

勝負する回数を決めておき、勝った数の多いチームを勝ちとする。

おもしろくするコツ！
チームでオリジナルのブロックサインを考えると盛り上がります。

67 電線ジャンケン

チームでするゲーム

握った手で暗号のやりとりをしよう

- 人数　20人
- 時間　10分
- 難易度　★☆☆

ゲームの進め方

1 1チーム10人程度で2チームが互いに向き合う。

😀 チーム対抗でジャンケンをします。キャプテンは列の先頭に立ってください。皆さん、となりの人と後ろで手をつなぎましょう。キャプテンは、これからチームのメンバーにどの種類のジャンケンを出すか暗号を送ります。手を軽く1回握るとグーを、2回握るとチョキを、3回握るとパーを出す合図となります。暗号を早く正確に、最後の人まで送りましょう。

1チームのメンバー数は同じにしておく。

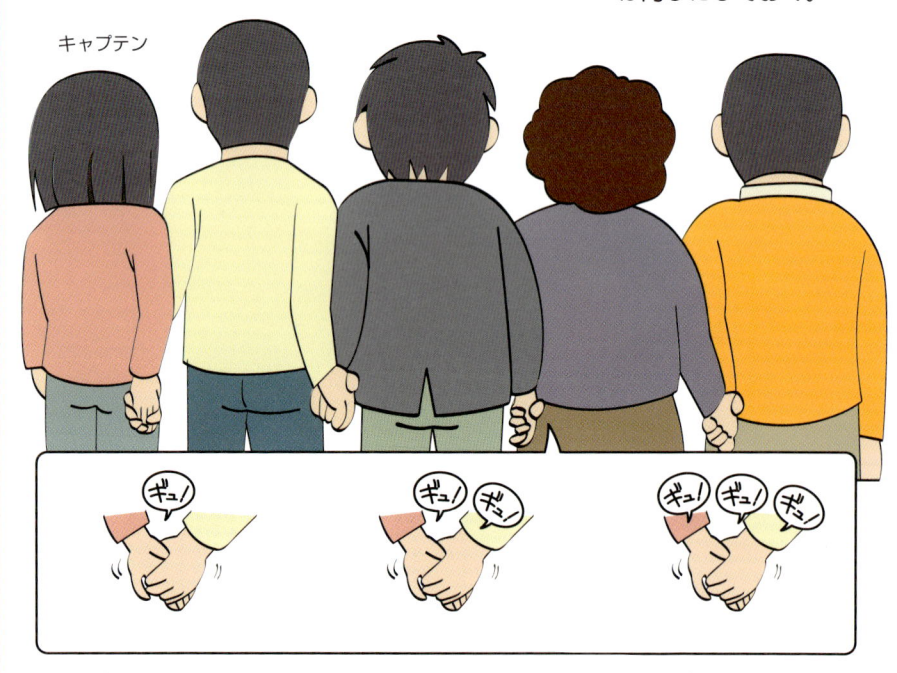

キャプテン

グーのサイン　　チョキのサイン　　パーのサイン

チームでするゲーム | Part 5

2 😃 キャプテンは、私のスタートの合図で暗号を送ってください。最後の人まで送られたら、大きな声で「ハイ」と言って手を上げてください。ジャンケンがアイコの場合は、早く伝達したチームの勝ちとします。それでは、暗号を送ってください。ヨーイ、スタート！

リーダーの合図でジャンケンをする。

1人でもちがったジャンケンを出したら、そのチームは負けとなる。

⑥⑦ 電線ジャンケン 人数20人 時間10分

セーノ ジャンケンポン

リーダーはどちらのチームが早く暗号を送り終えたかチェックしておく。

対戦する回数を決めておき、勝った回数の多いチームを勝ちとする。

> 手を握るときに回数が顔の表情や動きに出てしまうことがあります。敵のチームをよく観察するよう促しましょう。

68 赤白上げ下げ

チームでするゲーム

おなじみの旗上げです

- 人数 30人
- 時間 10分
- 難易度 ★★☆

ゲームの進め方

1 赤と白の旗を参加者に配付する。

😊 私の指示どおりに旗を上げてください。右手に赤、左手に白の旗を持ってください。では、ゆっくり練習してみましょう。「赤上げて！白上げて！赤下げて！白下げて！ぐるっと1回まわりましょ！」では、本番です。「赤上げて、白上げて、赤下げて、白下げない！」
「赤上げて、白上げて、白下げないで、赤下げない！」
「赤上げて、白上げて、白下げないで、赤下げる、ぐるっと1回まわりましょ！」
「赤上げて、白上げて、白下げないで、赤下げない、ぐるっと1回まわらない！」

準備するもの

紙と割り箸などで作った赤と白の旗

練習は、否定（「〜ない」）の言葉を使わずおこなう。リーダーも旗を持って見本を示してもよい。

（白上げない！）

おもしろくするコツ！

まずはスローテンポから始め、徐々にスピードアップさせましょう。

69 キャプテンはキミだ

チームの代表者がスピーディーに決まる

- 人数　4～10人
- 時間　3分
- 難易度　★☆☆

ゲームの進め方

1 4～10人ほどで円を作り、円の中央を向く。

😊 これから皆さんのキャプテンを決めたいと思います。誰とも相談しないで、キャプテンだと思う人を思い浮かべましょう。ちなみにキャプテンとして、ふさわしい3つの要素を紹介します。1つ目は責任感があること、2つ目は協調性があること、最後の3つ目は経済力があることです。

3つ目の要素には冗談を入れる。

誰をキャプテンにするかの判断は、言葉や動作で表現しないように伝えておく。

2 😊 これから私が「キャプテンはキミだ！」と言ったら、その人を指差してください。いちばん差された数の多い人がキャプテンとなります。決まったチームは拍手をしてください。

「キャプテンはキミだ！」

リーダーの「ハイ！キャプテンはキミだ！」の声で一斉におこなうようにする。

70 あとになるほど難しくなる
算数チームバトル

チームでするゲーム

- 人数　20～50人
- 時間　20分
- 難易度　★★☆

ゲームの進め方

1 参加者は1チーム9人くらいで複数のチームを作る。チームの人数は、できるだけ同数で構成する。

😀 これから皆さんに、チーム対抗で数字の足し算をしてもらいます。

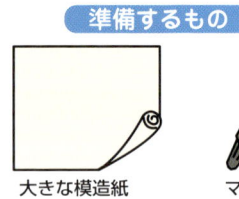

準備するもの
- 大きな模造紙（もしくは黒板）
- マジック

チームごとに一列になって並ぶ。

リーダー

チームでするゲーム | Part 5

❷ 😀 私がこれから問題を書きますので、先頭の人から1段分、並んだ数字を足していき、足した数を順番に下の段に書いていきましょう。数字がひとつになるまで続けます。

リーダーは問題を模造紙に書く。

例えば［4 2 7 5 6 1 8 9 3 10］という問題の場合、各チームの参加者の中の1人が、4と2を足してその間の下に6の数字を書き入れ、その段の全てを同じように書き込む。そして、次の人とマジック等の筆記具でバトンタッチする。次の人は同じように足し算を1段おこなう。同じようにしてバトンタッチしながら答えがひとつになるまで続ける。早く正解にたどりついたチームの勝ちとする。

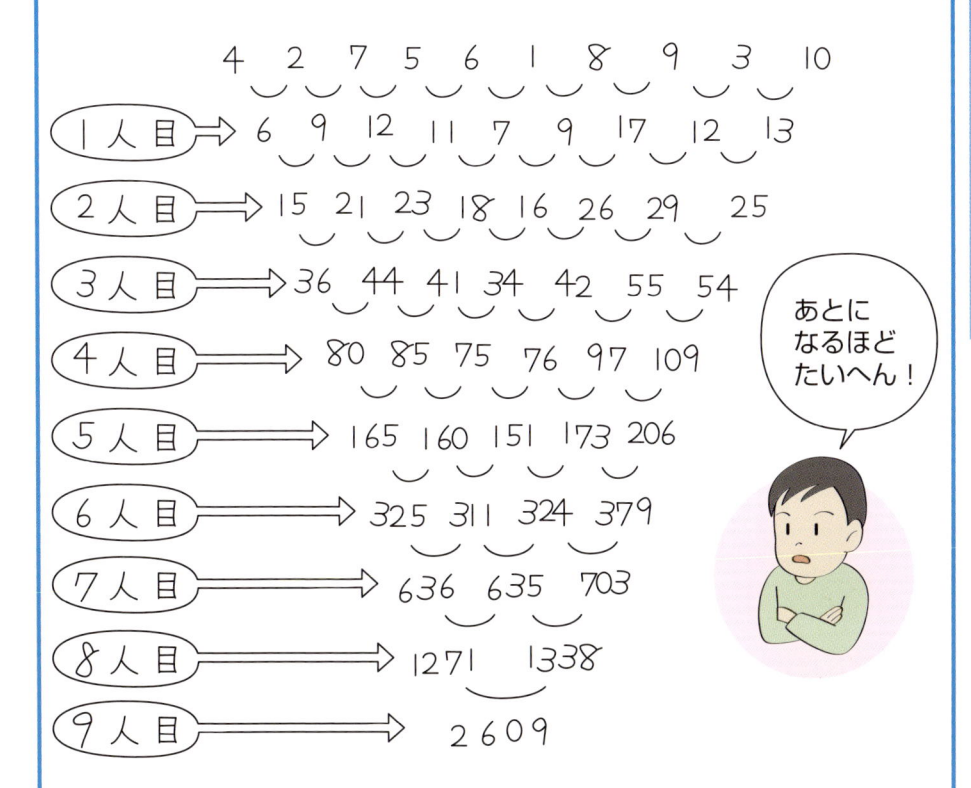

⑦ 算数チームバトル
人数 20～50人　時間 20分

```
            4   2   7   5   6   1   8   9   3   10
1人目 ⇒     6   9  12  11   7   9  17  12  13
2人目 ⇒    15  21  23  18  16  26  29  25
3人目 ⇒    36  44  41  34  42  55  54
4人目 ⇒    80  85  75  76  97 109
5人目 ⇒   165 160 151 173 206
6人目 ⇒   325 311 324 379
7人目 ⇒   636 635 703
8人目 ⇒  1271 1338
9人目 ⇒  2609
```

あとになるほどたいへん！

各チームとも同じ問題を解くことになるので、リーダーは問題の答えだけを事前に出しておくようにする。

なれるまでは、1から5までの数字のみで問題を作るとより簡単です。

71 加藤清正ジャンケン

奥さんポーズが人気

チームでするゲーム

- 人数 30人
- 時間 10分
- 難易度 ★☆☆

ゲームの進め方

1 参加者は、リーダーの見える位置につく。

😊 これから、私が皆さんに3つのポーズをお見せします。それぞれのポーズにはかけ声がついていますので、練習しながら覚えてください。

構え
直立不動になる。

加藤清正
「エイ！」
やりをさす動作に「エイ！」のかけ声。

トラ
「ワーオ！」
前に大きく一歩踏み出し、左右の手を上下に広げて「ワーオ！」とほえる。

奥さん
「イヤ〜ン！」
右手を上げて左手を右の脇下へ抱え込み、「イヤーン！」の声。

チームでするゲーム | Part 5

2 😊 これから、このポーズを使ってジャンケンをします。ポーズを出すときは、構えポーズから声を出してポーズをとってください。なお、加藤清正はトラに勝ち、トラは奥さんに勝ち、奥さんは加藤清正に勝つという三すくみになっています。

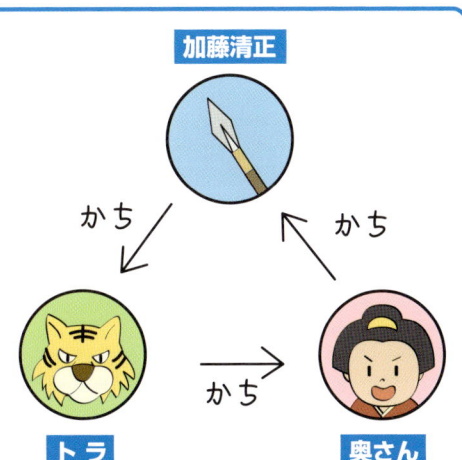

加藤清正 → かち → トラ → かち → 奥さん → かち → 加藤清正

㊼ 加藤清正ジャンケン　人数30人　時間10分

3 😊 いよいよ対戦です。各チームで何を出すかを決めてから、対戦ポジションにつきましょう。私の「構え」の合図で構えのポーズをとり、「セーノ!」と言った後、決めたポーズを出してください。

「セーノ!」
「ワーオ!」
「イヤ～ン!」

アイコの場合は、再戦する。チーム内で異なるポーズをしている人がいた場合には、どんなポーズでも負けとする。

声と動作の大胆さが楽しさに比例します。何を出すかを相談するときに3回分事前に決めておくと、アイコの場合でもスムーズな対戦がおこなえます。アイコが3回続いたら、改めて相談しましょう。

もっと楽しむために！

楽しい思い出を上手に記録に残そう！

ゲームで楽しんだ思い出を残すふたつの方法を紹介します。

その1　対戦記録を残す

　対戦表や各自の記録を整理した一覧表などをまとめて、報告書として発表します。もちろん入賞者の結果だけでなく、さまざまなカテゴリーを用意します。例えば、同じ記録を女子の部・子どもの部・40歳以上の部・星座別の部などに分けることで、より楽しい大会報告となります。

その2　対戦風景を残す

　デジタルカメラのおかげで、数多くの写真の中からよいものだけを手軽に自由に選択し、大会でのいきいきとした表情の写真を参加者に提供できるようになりました。写真を取り出せば、いつでも楽しい思い出がよみがえることでしょう。

Part 6

スポーティーなゲーム

この章では体を動かすゲームを紹介します。
事前に体をほぐして思う存分運動を楽しみましょう。

(72) 冷凍人間 ……………136
(73) 集団マット引き ……138
(74) おんぶリレー ………140
(75) フリスビー野球 ……142
(76) ハリケーンランニング ‥144
(77) しっぽ踏み …………146
(78) 家の中の羊さん ……148
(79) キツネとガチョウ ……150
(80) 紙飛行機ゴルフ ……152
(81) ワッショイ!ワッショイ! …154
(82) ペットボトルボウリング‥156
(83) 輪投げ人形 …………158

72 スポーティーなゲーム

助け合いの精神が大事

冷凍人間

人数	50人
時間	10〜20分
難易度	★☆☆

ゲームの進め方

1 会場は体育館など広い場所を使う。参加者50人の中から5人ほどをオニに選ぶ。

😊 オニの人は、頭にハチマキをしてください。これからこの会場の中にいる皆さんを、オニが追いかけタッチしにいきます。タッチされた人は、両手両足を広げて立ち止まり、凍った状態になってください。

凍った状態

オニにタッチされたら、手足を広げて凍ったポーズをとる。

2 😊 全員凍ってしまうとゲーム終了となりますが、<u>凍った人は解凍という方法で助けることができます。凍った人の股の下をくぐりぬけるのです。そうすると解凍されます。</u>解凍されると、凍っていた人はふたたび動けるようになります。

解凍

他の人が凍っている人の股の下をくぐりぬけると解凍完了。
オニは解凍作業中にはタッチすることができない。

スポーティーなゲーム | Part 6

3 😊 1人で逃げるだけではすぐに全員が冷凍人間になってしまうので、解凍作業をおこないながら逃げるのがコツです。では、スタート！

⑫ 冷凍人間

人数50人　時間10〜20分

制限時間までオニから逃げられた人を勝ちとする。

会場が広すぎるとゲームとして成立しませんので、必ず使用するエリアを限定しましょう。

おもしろくするコツ！ オニがハチマキをしないと、誰がオニかわかりにくくなるため、展開がよりスリリングになります。

137

73 スポーティーなゲーム

体力とチームワークで勝負
集団マット引き

- 人数　10人
- 時間　1ゲーム30秒
- 難易度　★★☆

ゲームの進め方

1 マットを3枚並べて左右にチームが分かれる。会場は体育館など広い場所がよい。

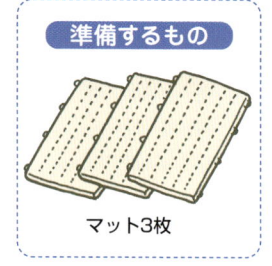

😊 これからチーム対抗で、マットをうばい合ってもらいます。

準備するもの
マット3枚

スタートライン

10メートル

スタートライン

1チーム5人くらいがベスト。各チームは10メートルほど離れ、スタートラインにそって一列に並ぶ。マットは両チームから等しい距離におく。

スポーティーなゲーム | Part **6**

2 中央におかれている3枚のマットのうち、2枚を自分たちのスタートラインまで持ち込んだチームが勝ちとなります。なお、スタートラインの手前へマットを引き込んだ後は、他のマットへ助っ人として参戦することができます。始める前にどんな戦法でいくか、チームで作戦を立てましょう。

作戦タイム中

「ぼくと君は真ん中のマットをねらおう」

作戦タイムは十分に設ける。

73 集団マット引き

人数 10人　時間 1ゲーム30秒

3 リーダーの合図で対戦スタート。対戦は奇数回おこない、勝敗を決定する。

1ゲームの時間の目安は30秒程度。

マット以外のもの（棒や綱、カーペットなど）を使っても遊ぶことができます。

スポーティーなゲーム

74 体力とバランス感覚が試される
おんぶリレー

人数 10〜20人
時間 20分
難易度 ★★★

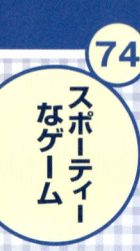

ゲームの進め方

1 ターンマークとスタートラインを設置する。2人一組でおこなうので、1チームは偶数で人数を調整する。

😀 ルールは簡単です。2人一組で、1人をおんぶしながらターンマークまで行きます。そこで、おんぶした人を落とさないように背中から胸へと一周させ、ふたたびおんぶして帰ってきて次の組にタッチするのです。一周させるときに途中で落としてしまった場合は、おんぶの状態からもう一度一周させてください。

運ぶときは、「ワッセ！ワッセ！」とかけ声を出すようにする。

体重の重い人を無理に背負うことのないように、組み合わせを考えておくこと。

スポーティーなゲーム | Part **6**

2 😊 上手に一周させるコツは、背負う人が両脚を大きく開いて腰を落とし、左右の腿をできるだけ平行にすると、背負われている人が楽にまわることができます。また、まわすときに体を離してしまうと落ちやすくなり、余分な力がかかってしまいますので、できるだけ体を密着させながらおこないましょう。

74 おんぶリレー
人数 10〜20人　時間 20分

体の一周のしかた

両脚を開いてしっかりと腰を落とす。

落ちないように体を密着させる。

早くついたチームの勝ちとする。

体力的に難しい場合は、1人が補助役となって3人一組で参加するのもよいでしょう。

141

75 考えて投げよう フリスビー野球

スポーティーなゲーム

- 人数 18人
- 時間 60分
- 難易度 ★★☆

ゲームの進め方

1 フリスビーで野球をしましょう。フリスビーをボールにすることの他は、普通の野球とほとんど変わりません。

準備するもの
- フリスビー
- ベース4つ

守備者

打者

各塁間は、15〜20メートルとする。
打者（投げる人）は、ホームベース後方から投げるようにする。
どこまで飛んだらホームランなど、設定をあらかじめ決めておく。

スポーティーなゲーム | Part 6

2 😊 打者は、フリスビーを持って内外野の好きなところへ投げることができます。相手にダイレクトにフリスビーをキャッチされた場合と投げたフリスビーが直接ファールゾーンへ入った場合はアウトとなります。
イニング数は7回とする。スリーアウトで攻守交替。

アウト

ダイレクトキャッチされる。　　　ファールゾーンに入る。

75 フリスビー野球

人数18人　時間60分

3 😊 守備者はフリスビーを走者にタッチするか、投げて当てることでアウトにできます。もちろん、ベースタッチによってアウトにすることもできます。
走者は打者が投げるまで必ずベース上にいることとする。

顔は危険なので
ねらわないように。

おもしろくするコツ！ 塁間を広くすることや、フリスビーのサイズを小さくすることで、難易度がアップします。

143

76 スポーティーなゲーム

クルクル、フラフラ
ハリケーンランニング

- 人数 10〜20人
- 時間 10分
- 難易度 ★★☆

ゲームの進め方

1 2チームが一列になって並ぶ。バットはチームの列から7メートルほど離れたところにおく。

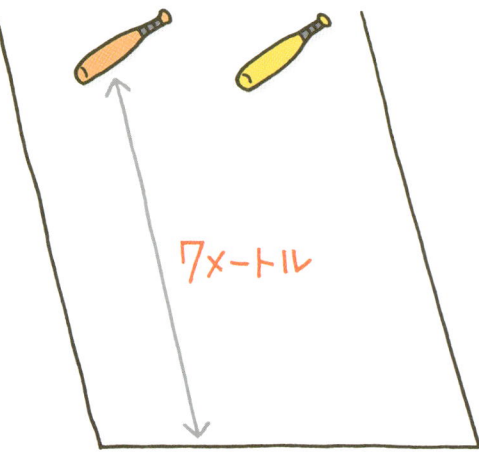

😊 皆さんは、スタートラインからバットのところまで行き、バットを立ててグリップにおでこを当て、バットを軸にして4回まわってください。

準備するもの
バット2本

7メートル

バットは必ず床面（地面）につけた状態でまわる。

チームとチームの間隔は、十分離しておく。

スポーティーなゲーム　Part 6

2 😊 まわったらスタートラインに戻り次の人とタッチし、リレーしていきましょう。早く全員がまわり終えたチームが勝ちとなります。

㊻ ハリケーンランニング　人数10〜20人　時間10分

バットで4回まわったかを確認するスタッフをつけ、回数を数えてもよい。

めまいに似た現象がおきるので、弱い人はゆっくりまわるようにする。無理をしないように、リーダーは必ず注意を促しておくこと。

おもしろくするコツ!　バットでまわる回数に差をつけて、大人チームと子どもチームで対戦、としてもよいでしょう。

77 スポーティーなゲーム

敵を攻めるか敵から逃げるか
しっぽ踏み

- 人数 20〜30人
- 時間 10分
- 難易度 ★☆☆

ゲームの進め方

1 参加者は、紅白二組に分かれる。約3.5メートルの2色の紙テープを用意する。

😊 これから、テープのしっぽを踏むゲームをします。皆さん、テープを腰のところにつけてください。

準備するもの 
2色の紙テープ

体育館などの広めの会場を使うとよい。

リーダー:「赤チーム対白チームを始めまーす」

テープの長さは、床に垂れている部分が2メートルくらいとなるようにする。

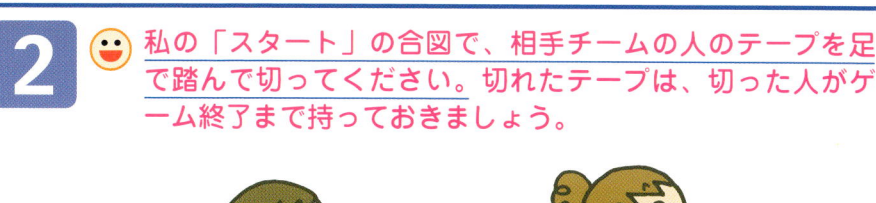

スポーティーなゲーム | Part 6

2 私の「スタート」の合図で、相手チームの人のテープを足で踏んで切ってください。切れたテープは、切った人がゲーム終了まで持っておきましょう。

テープを切られたら、すぐにゲームオーバーとするパターンもあります。この場合は、切られていない人の数が多いチームを勝ちとします。

それぞれ持っておいたテープをつなぎ合わせて一本にし、長いほうのチームの勝ちとする。

リーダーは、10分ほどでゲーム終了の合図を出す。

⑰ しっぽ踏み

人数20〜30人 時間10分

147

スポーティーなゲーム

78 すばやい動きと判断力が決め手
家の中の羊さん

人数　20～100人
時間　20分
難易度　★☆☆

ゲームの進め方

1 近くの人同士で3人一組になってください。そしてジャンケンをして、1人だけ負けた人が羊さん役になります。残った2人で手をつなぎ、家となる輪を作ります。羊さんは、その家に入りましょう。

羊さん

輪は肩から腰くらいの高さで手をつないで作る。

家と家があまり近づきすぎないようにする。

スポーティーなゲーム | Part 6

2 😊 私が「オオカミが来たぞー！」と叫んだら、羊さんは、他のお家へ行かなくてはいけません。しかし、私もどこかのお家に入ってしまいますので、誰か1人が家に入れなくなります。家に入れなかった人が、次に叫ぶことになります。家に入れなかった回数の多い人が負けです。

羊さん同士でぶつからないように気をつけること。

オオカミが来たぞー！

羊さん役は、適当に交代していく。

⑱ 家の中の羊さん

人数 20〜100人　時間 20分

「台風が来たぞー！」（全員バラバラになり、新たな家を作ってその中に羊さんが入る）、「家がこわれたぞー！」（家役の2人が両手をつないだまま移動して、羊さんをとり込む）など、叫ぶ言葉や動きをくふうしてみましょう。

おもしろくするコツ　まちがえて家から出た人をアウトとするルールを決め、「オウサマが来たぞー！」などのフェイントを入れてみましょう。

スポーティーなゲーム

79 チームワークでガチョウを守れ
キツネとガチョウ

- 人数 10〜20人
- 時間 15分
- 難易度 ★★☆

ゲームの進め方

1 参加者は、会場の中央に集まる。場所は広いほうがより楽しめる。

😊 キツネ役とガチョウ役を1人ずつ決めましょう。残りの人は、ガチョウを守る役になります。役割が決まったら、じゅずつなぎの隊列となってください。

くじ引きにするとガチョウ役とキツネ役を短時間で決めることができる。

ガチョウ

前に立っている人の両肩を手で持ち、じゅずつなぎの隊列を作る。はげしく体を動かすので、準備体操をしっかりしておく。

キツネ

スポーティーなゲーム | Part 6

2 列の先頭の人は、両腕を大きく広げてキツネと向かい合い、いちばん後ろにいるガチョウが食べられないようにガードしましょう。つながっている人たちも協力して、前後左右にチームワークを駆使して動きまわってください。

「こっちだ！」

「左、左」

「逃げろ！」

ゲーム中に列が切れても、すぐつながって続けるようにする。

3 キツネが、いちばん後ろのガチョウをタッチすると勝ちとなる。

「タッチ！」

79 キツネとガチョウ
人数 10〜20人　時間 15分

おもしろくするコツ！
キツネが有利なゲームですが、キツネ役も3人でじゅずつなぎにすると勝負が接戦となります。

80 スポーティーなゲーム

紙飛行機でナイスショット
紙飛行機ゴルフ

- 人数 5〜50人
- 時間 30分
- 難易度 ★★☆

ゲームの進め方

1 😊 紙飛行機をゴルフボールに見立てて遊ぶゲームです。

事前にコース設定をしておく。ゴルフのカップにあたるものとして、ゴールを作る。

参加者は、あらかじめ紙飛行機を作っておく。

準備するもの
- 紙飛行機
- ヒモ
- 箱

ゴール
- ヒモ（線をかいてもよい）
- 箱

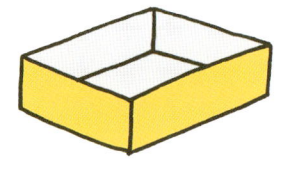

ヒモや箱の中に紙飛行機の一部が入ればゴールとする。

アウトコース（1〜9ホール）

ホール	距離	パー	スコア	条件
1	5m	パー4		自由
2	15m	パー5		自由
3	3m	パー3		
4	12m	パー4		利き腕での投げは禁止
5	10m	パー4		
6	20m	パー5		自由
7	7m	パー3		
8	17m	パー5		
9	5m	パー3		自由
アウト	94m	パー36		
トータルスコア				
氏名		順位 位	メモ	

スコアカードを作成すると、より本格的になる。

パーとは基準投数のこと。例えば、1ホール（パー4）を4投で終了するとスコアは0、3投で終了すると−1となる。

⑧⓪ 紙飛行機ゴルフ

人数 5～50人　時間 30分

2 😀 これからゴルフをおこないます。使用するのはボールではなく、皆さんお持ちの紙飛行機です。各ホールでスタートからゴールまで紙飛行機を投げ、トータルスコアの少ない人が勝ちというゲームです。

各ホールは、グループでまわる。互いに投げる順番を決めておいて、1人ひとり投げるようにする。

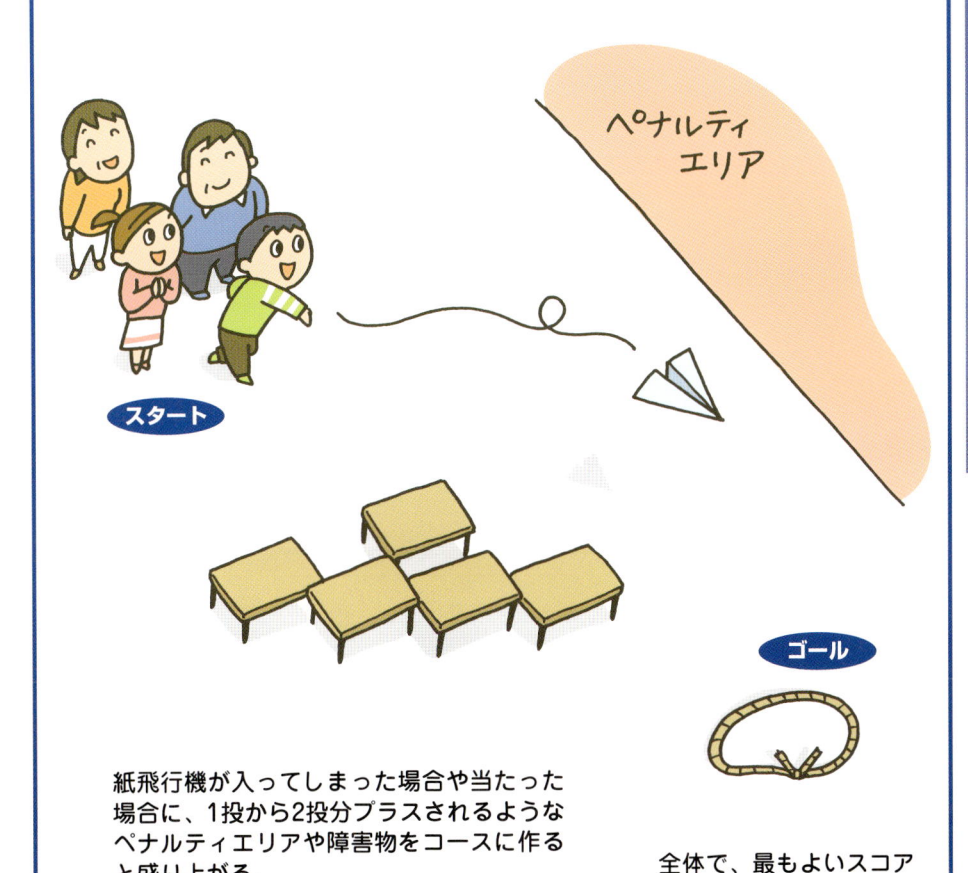

紙飛行機が入ってしまった場合や当たった場合に、1投から2投分プラスされるようなペナルティエリアや障害物をコースに作ると盛り上がる。

全体で、最もよいスコアの人を表彰する。

おもしろくするコツ！　利き腕使用禁止ホールなど、条件付きホールを決めると難易度がアップします。

81 元気を出して踊りましょう
ワッショイ！ワッショイ！

スポーティーなゲーム

- 人数　20〜30人
- 時間　5分
- 難易度　★☆☆

ゲームの進め方

1　6〜10人くらいで一組となる。

😀 全員手をつないでください。私が「まわれやまわれ」と言ったら、手をつないだまま、時計まわりに歩いてください。このように私が言う行動を必ず全員で合わせておこないましょう。そして、必ず「ワッショイ！ワッショイ！」と元気よく声を出して行動しましょう。

手をつないで円を作る。リーダーは、参加者が大きな声を出すよう促す。

スポーティーなゲーム | Part 6

2 😊 さあ、最後まで元気よくできるのはどのチームでしょうか。
では、ゲームスタート！

動作の例

まわれやまわれ

なかへなかへ
（円の中心へ手を
つないだまま進む）

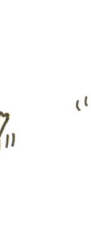

ばんざいばんざい
（手を離しておこなう）

もどれやもどれ
（元の円にもどす）

その場でまわれ（手を離して）

小さく小さく
（手を離してその場で体を
小さくしていく）

リーダーは、動きのつながりを
考えながら指示を出しましょう。

5分ほどでゲーム終了とする。

81 ワッショイ・ワッショイ！ 人数20〜30人 時間5分

おもしろくするコツ！ 始めはゆっくりおこなうようにしますが、徐々に早くしたり、ゆっくりに戻したり、テンポを変化させましょう。

82 スポーティーなゲーム

倒した本数よりも得点が重要
ペットボトルボウリング

人数	10人
時間	30分
難易度	★☆☆

ゲームの進め方

1

これから、ペットボトルをピンに見立てたボウリングをしましょう。

レーンは、スローラインを横に1メートルとり、そこからヘッドピンまでの距離が5メートルほどになるようピンをセットして作る。

準備するもの
- ペットボトル6本
- ボール（ドッジボールより小さいサイズがベスト）

5メートル / 1メートル

何人でもゲームは可能だが、1レーンについて3人までがベスト。これは、待ち時間が長くなり過ぎないことを防ぐため。

2

ピンには、1〜6の番号をつけておく。

倒れやすい / **倒れにくい**

ピンの並べ方と間隔によって大きく得点が変わるので、調整しておくことが必要。

スポーティーなゲーム | Part **6**

3 😊 レーンごとに、投げる順番をジャンケンで決めましょう。ゲームは各自100点を持ち点として、投げて倒したピンの合計得点を引いていきます。1人1投ごとの順番でおこない、早く持ち点がゼロかマイナスになった人が勝者となります。

㉘ ペットボトルボウリング　人数 10人　時間 30分

ナイスボール

投げ終えた人が、ピンセッター（ピンを立てる人）となる。

ボールはバウンドしないよう転がして投げる。

投げる回数を決めておき、倒したピンの合計点数で競っても面白いでしょう。

おもしろくするコツ！
ボールの大きさを小さくすると、難易度がアップします。

スポーティーなゲーム

83 輪から出る音がオモシロイ
輪投げ人形

人数 **20人**
時間 **30分**
難易度 ★☆☆

ゲームの進め方

1 😊 これから、ゴミ袋とホースで作った輪を使って輪投げをします。

ゴミ袋にマジックなどで顔を描き込んでおく。袋の口の長さに合わせてホースをカットして、ガムテープで輪としてつなぐ。最後にゴミ袋の口をホースに巻き込み、ガムテープで止める。これを3個作る。

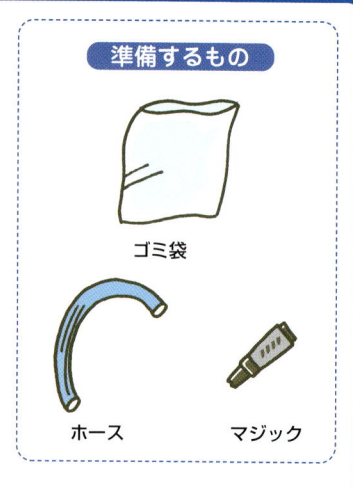

準備するもの
- ゴミ袋
- ホース
- マジック

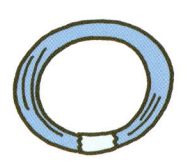

絵は動物、人の顔など自由に描く。

ホースを切るときは、ケガをしないように注意する。

Part 6 スポーティーなゲーム

2 🙂 ゲームコートとして、スローラインを1メートル幅でとり、そこから3〜5メートルほど離れたところに直径50センチほどのターゲット円を描いておきます。円はそれぞれ1メートルほど離しておくようにしましょう。

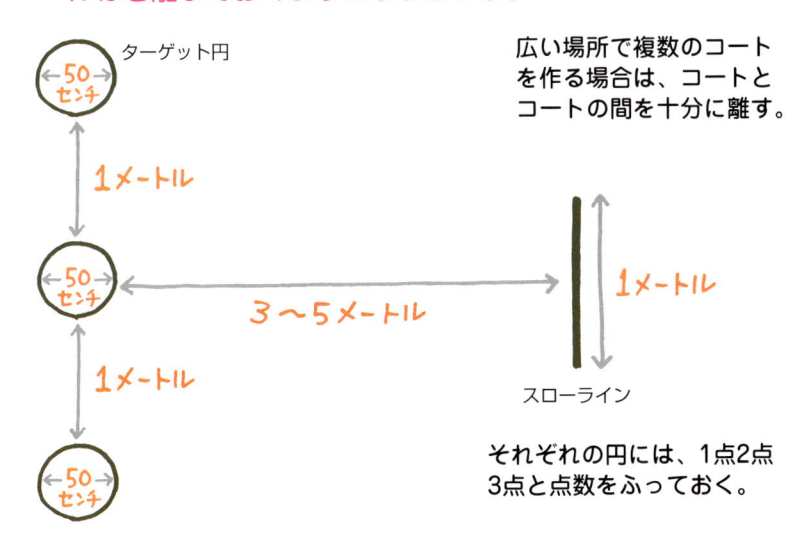

ターゲット円
←50センチ→
1メートル
←50センチ→
1メートル
←50センチ→

3〜5メートル
1メートル
スローライン

広い場所で複数のコートを作る場合は、コートとコートの間を十分に離す。

それぞれの円には、1点2点3点と点数をふっておく。

83 輪投げ人形　人数20人　時間30分

3 🙂 スローラインからゴミ袋の輪を3回、得点の高いターゲットをめざして投げ込みましょう。その得点の線にホースがかかれば得点となります。ただし、ホースとホースが重なった場合には、前に投げた分の得点が消滅します。パーフェクトは9点。得点の高い人が勝ちです。

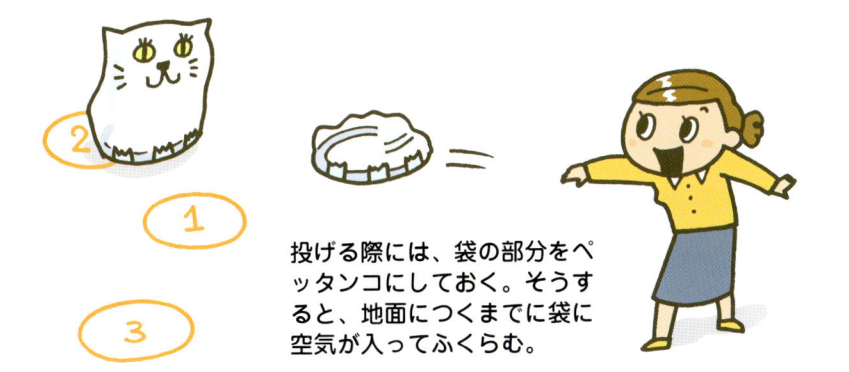

2
1
3

投げる際には、袋の部分をペッタンコにしておく。そうすると、地面につくまでに袋に空気が入ってふくらむ。

ゲームは、個人戦を基本としますが、団体戦も楽しめます。2人でおこなう場合には、野球と同じように、9回交互におこない、その合計点で勝敗を決めます。

159

> もっと楽しむために！

新しいゲームを作るのはカンタン!?

　ゲームを作ることは大変なようで、実は簡単なのです。例えば、サッカーとラグビーの要素を取り入れ、サッカーの試合をラグビーボールでおこなうようにすれば、全く新しいゲームが誕生することとなります。

　また例えば、座布団を投げてどこまで届くかという競争をする際に、1人でフリスビーのように投げると10メートル以上軽く投げられますが、2人でひとつの座布団を持って同時に投げる種目にすると、3メートル投げることも大変な種目に大変身してしまうのです。

　新しいゲームを作ったら、ルールの調整をし、楽しさと安全への配慮のバランスをとりながら、じっくり育てていくことが大切です。あなたもゲームを作ってみてはいかがですか？

Part 7

歌って楽しむゲーム

みんなで歌って楽しむゲームを紹介します。
大きな声で歌いながら体を動かす爽快さを感じてください。

(84) トントンパー ……162
(85) ホイマシペーター ……163
(86) おもちゃのチャチャチャ屈伸 ……164
(87) もしカメひざたたき ……165
(88) 8421肩たたき ……166
(89) おメメ ……167
(90) ジングルベル手合わせ ……168
(91) ヘボヌケジャンケン踊り ……170
(92) ちょうちょ ……172
(93) バランスカッコウ ……174
(94) 手合わせジェスチャーソング ……176
(95) ドレミファドード ……178
(96) お手上げ赤い靴 ……180
(97) お弁当箱 ……182
(98) お船をこいで ……184
(99) アルプス一万尺踊り ……186
(100) ジェスチャー草津節 ……188

84 歌って楽しむゲーム

2人の息を合わせて
トントンパー

人数	2人一組
時間	10分
難易度	★☆☆

ゲームの進め方

1 2人一組になって向かい合いましょう。「ちょうちょう」を歌いながら、歌に合わせて拍手を2回し、相手と両手を合わせる動作を繰り返してください。

「ちょーうー」　「ちょー」

トントン　→　パー

2 なれてきたら、どちらかがリーダーとなり、「トントンパー」の「パー」のときにリーダーの動きに合わせるなど応用してみる。

リーダーが移動させたところに手を合わせる。

リーダーと同じポーズをとる。

おもしろくするコツ！
曲を「ウサギとカメ」にすると、自然とテンポアップします。

歌って楽しむゲーム Part 7

85 つられて歌ってしまうかも
ホイマシペーター

- 人数 10～20人
- 時間 10分
- 難易度 ★☆☆

ゲームの進め方

1 参加者はリーダーの見える位置につく。
ホイマシペーターの歌をまず覚えましょう。この歌はホイマシ家のペーターさんとポールさんの歌です。一度通して歌ってみましょう。
さて、ペーターさんが買い物に出かけてしまいました。「ペーター」の部分は歌わずに、歌ってみましょう。
次はペーターさんが帰ってきて、ポールさんが出かけてしまいました。「ポール」の部分は歌わないように気をつけてください。
そして今度はペーターさんも出かけてしまったので、「ペーター」と「ポール」を除いて歌ってみましょう。
最後は2人とも帰ってきたので、2人の名前を入れて歌います。まちがって名前を歌うとアウトです！

拍手をしながら歌うとテンポアップし、難しくなる。

★ホイマシペーター★

ホイマシペーター ホイマシポール ホイマシペーター ホイマシポール
ホイマシペーター ホイマシポール ホイマシペーター ホイマシポール

86 面白準備体操 おもちゃのチャチャチャ屈伸

歌って楽しむゲーム

人数	10〜20人
時間	5分
難易度	★★☆

ゲームの進め方

1 参加者はまわりの人とぶつからない間隔で立つ。

😃 皆さんをこれから2つのチームに分けます。今回は、男性チームと女性チームにしましょう。これから私が「おもちゃのチャチャチャ」を歌いますので、<u>「おもちゃ」という言葉が出てきたら男性チームが、「チャチャチャ」という言葉が出てきたときは女性チームが屈伸運動を1回おこなってください。それ以外の言葉のときや、屈伸をしていないときは、拍手をしてください。</u>

リーダーが1番を歌い終えたら終了。

♪おもちゃの　　　リーダー　　　チャチャチャ♪

リーダーの歌うスピードは、始めはゆっくりと。

おもしろくするコツ！

拍手のときに、その場でかけ足を加えるとよりハードになります。

もしカメひざたたき

87 歌って楽しむゲーム Part 7

みんなの動きが揃うと美しい

人数 10～20人
時間 5分
難易度 ★☆☆

ゲームの進め方

1 参加者は輪になって集まり、円の中心を向いていすに座る。
これから皆さんには「ウサギとカメ」の歌に合わせて、ひざをたたく動作をしてもらいます。「イチニイサンシ」の動きに合わせて、ひざをタッチしてください。動作はこの「イチニイサンシ」の繰り返しになります。それでは、歌をつけてやってみましょう。

リーダーが1番を歌い終えたら終了。

イチ ♪「もし」
両手で自分の両ひざをタッチ。

ニイ ♪「もし」
左手は左どなりの人の右ひざを、右手は自分の左ひざをタッチ。

サン ♪「カメ」
ふたたび自分の両ひざをタッチ。

シ ♪「よ」
右手は右どなりの人の左ひざを、左手は自分の右ひざをタッチ。

曲は「ウサギとカメ」の他に、テンポがはっきりしているものを使うとよいでしょう。

おもしろくするコツ！ なれてきたら、となりの人の両ひざにまでタッチしにいくパターンや、さらに1人とばしたとなりの人までタッチするパターンなどを取り入れてみましょう。

165

88 歌って楽しむゲーム

歌に合わせて気持ちよくたたこう
8421肩たたき

- 人数 5～20人
- 時間 5分
- 難易度 ★☆☆

ゲームの進め方

1 参加者はリーダーの見える位置につく。

😀 リズムに合わせて肩をたたきましょう。私と同じ動作をしてください。まず、右手で自分の左肩を8回軽くたたきます。次に左手で右肩を8回たたきます。次は右手で左肩を4回、今度は左手で右肩を4回たたきます。さらに左肩を2回、右肩を2回たたき、最後に左肩を1回、右肩を1回たたき、まとめとして拍手を1回します。さて、実際に歌を歌いながらゆっくりやってみましょう。歌はウサギとカメです。

8回	8回	4回	4回
♪「もしもしカメよカメさんよ」	♪「せかいのうちでおまえほど」	♪「あゆみののろい」	♪「ものはない」

2回	2回	1回	1回	拍手1回
♪「どうして」	♪「そんなに」	♪「のろ」	♪「いの」	♪「か」

おもしろくするコツ！

参加者が輪になって、自分の右どなりの人の左肩をたたいてスタートするパターンも盛り上がります。

89 おメメ

ユニークな踊りが笑いをさそう

歌って楽しむゲーム | Part 7

- 人数　5〜20人
- 時間　10分
- 難易度　★☆☆

ゲームの進め方

1 参加者はリーダーの見える位置につく。

😊 私がゆっくり歌いながらジェスチャーをしますので、皆さんもまねしてください。

おメメおメメ、おメメをくるくるポン、ポキポキ踊ろよ、みんなで踊ろよ、ラランラランランラン♪

なれてきたら「おメメ」以外に「おハナ」「おクチ」「おムネ」「おなか」「おへそ」「おしり」など言葉と差す場所を変えていく。

♪「おメメおメメ」
両人差し指で両目の近くを4回タッチ。

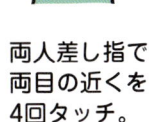

♪「おメメをくるくるポン」
両人差し指で両目の近くを2回タッチし、両人差し指で小さな円を4回描きながら空中へポンと投げ上げる。

♪「ポキポキ踊ろよ みんなで踊ろよ」
人差し指を立てて、右手左手を交互にひじを支点に前へ伸ばし戻す動作を6回繰り返す。

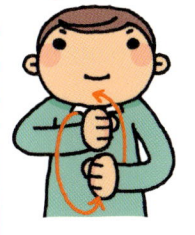

♪「ラランラランランラン」
両手で糸巻き動作を3回して拍手を2回する。

音楽はホーキポーキに合わせる。

★ホーキポーキ★

♩=138

みぎあしまえに みぎあしうしろに みぎあしまえに ぐるぐると みんなでたのしくホーキポーキと ひだりへあるこう こう

90 歌って楽しむゲーム

アメリカで人気のパーティーゲーム
ジングルベル手合わせ

- 人数　20〜30人
- 時間　10分
- 難易度　★☆☆

ゲームの進め方

1 参加者は2人一組になり、互いに向かい合う。

これから、「ジングルベル」の曲に合わせてゲームをしましょう。今から説明するA→B→Cの動作を2回繰り返しましょう。そしてA、Bの動作を1回ずつおこなった後、お互いの右手を合わせ、続けて左手を合わせてから、ふたたびA、B、Cの動作をしてください。これを2回繰り返します。

A 両手で両ひざをたたく。

B 拍手を1回する。

C 相手と両手を合わせる。

A→B→C 繰り返す

A→B 1回ずつおこなう

互いの右手を合わせる。

互いの左手を合わせる。

A→B→C 1回ずつおこなう

歌って楽しむゲーム | Part 7

2 😊 次に、右手で握手、左手で握手をした後、ジャンケンをしてください。
ジャンケンに勝った人は拍手をし、負けた人はその人の周りをスキップで2周します。アイコの場合は2人で手をつなぎ、その場を2周しなくてはいけません。ここまでで1セットです。

右手で握手をする。　　左手で握手をする。　　ジャンケンをする。

勝った人はその場で拍手。負けた人は勝った人の周りをスキップで2周。アイコの場合は手をつなぎ、その場を2周。

⑨⓪ ジングルベル手合わせ　人数20〜30人　時間10分

3 2セット目は、1セット目と同じ動作を繰り返すが、最後のジャンケンで負けた人は勝った人から離れて、スキップで移動しながら新しいパートナーを探す。勝った人はその場で拍手をして、新しい人がくるのを待つ。1セット目と2セット目を繰り返してゲームを進める。10分ほど曲を繰り返して終了。

それまで組んでいた人と別れ、新しいペアを探す。

91 ヘボヌケジャンケン踊り

歌って楽しむゲーム

オリジナルダンスで観客を魅了

- 人数 20～30人
- 時間 10分
- 難易度 ★☆☆

ゲームの進め方

1 参加者は輪になって、円の中心を向いて座る。

😃 これから私が指名する2人に、踊りながらジャンケンをしてもらいます。今から指名しますので、差された2人は踊りながら輪の中へ入ってきてください。残りの人は全員で手拍子をゆっくり2拍子でうちながら、「ヘボヌケ！ヘボヌケ！ヨイヤサのヨイヤサ！」とはやします。選ばれた2人は、はやし言葉に合わせて思い思いに踊りましょう。

踊り方は自由だが、はやし言葉のテンポに合わせるようにする。

参加者は座って手拍子をうつ。

♪ヘボヌケ！ヘボヌケ！
♪ヨイヤサのヨイヤサ！

リーダーがコミカルに踊る見本を示すことで、場をリードしていきましょう。

リーダーは参加者にはやし言葉と拍手の仕方を練習させておく。

2 😊 私の「セーノ！」の合図で皆さんは、はやし言葉を「ヨイヤサのサ！」と変え、2人はジャンケンをしてください。
勝負がついたら、皆さんははやし言葉を「勝ったぞ、勝ったぞヨイヤサのヨイヤサ！」と「負けたぞ、負けたぞヨイヤサのヨイヤサ！」を交互に繰り返し、ジャンケンをした2人も、その結果にふさわしいジェスチャーをつけながら踊りましょう。

㉛ ヘボヌケジャンケン踊り　人数20〜30人　時間10分

セーノ！
ヨイヤサのサ！

アイコの場合は、「ヨイヤサのサ！」で勝負がつくまでジャンケンをする。

負けたぞ、負けたぞヨイヤサのヨイヤサ！

勝ったぞ、勝ったぞヨイヤサのヨイヤサ！

勝った人は、両手を勇ましく上げてVサインを示しながら踊る。
負けた人は、頭を下げて寂しそうに踊り、これを3回繰り返して終了する。

92 ちょうちょ

歌って楽しむゲーム

動作をきれいにシンクロさせよう

- 人数 2〜6人一組
- 時間 10分
- 難易度 ★★☆

ゲームの進め方

1 参加者は2人一組となり、リーダーの見える位置につく。
初級から始めましょう。私と同じように両手を使って自分のひざ、拍手、タンで相手と手合わせを続けます。なれてきたら「ちょうちょう」の歌に合わせてみましょう。

初級

① ♪「ちょ」
自分のひざをたたく。

② ♪「う」
両手で拍手を1回。

③ ♪「ちょー」
相手と両手を合わせる。

参加者が動きになれるまで、歌なしで練習するとよいでしょう。

2

次は中級です。今度は4人一組になって円陣を作り、内側を向きましょう。正面の人とペアになり、一方のペア（図のB）は最初だけひざを2回たたいてからスタートしてください。

中級

Bの組はAの組よりワンテンポ遅れて動作をすることになる。

3

いよいよ上級です。今度は6人で円陣を作り、内側を向きましょう。同じように正面の人とペアになり、第一のペア（図のC）はひざを1回、第二のペア（図のB）は最初だけひざを2回、第三のペア（図のA）は最初だけひざを3回たたいてスタートしてください。

上級

徐々に曲をテンポアップさせると面白い。

難しい場合は、「ぞうさん」「雪山讃歌」「ローレライ」「みかんの花咲く丘」などの3拍子の曲に合わせると簡単になります。

93 歌って楽しむゲーム

片足上げていざ勝負
バランスカッコウ

- 人数　2人一組
- 時間　5分
- 難易度　★☆☆

ゲームの進め方

1　参加者は2人一組になり、2メートルほど離れて向かい合い、リーダーの見える位置につく。

😊 歌は「静かな湖畔」を使います。まず、曲に合わせてお互いに前へ4歩進んでください。そして、両手をパッチンと合わせます。それからふたたび4歩で元の場所に戻り、その場で小さく2度まわりましょう。

① ♪「静かな湖畔の」 
前へ4歩進み、両手を合わせる。

② ♪「森の影から」 
元の場所に戻る。

③ ♪「もう起きちゃいかがとカッコウが鳴く」 
その場で2度まわる。

2　😊 そして、両手を開いて羽根を3回バタつかせるポーズをしてから、両足で前の方へジャンプし、片足着地でバランスをとります。

④ ♪「カッコウカッコウカッコウ」
両手を3回バタつかせる。

⑤ ♪「カッコウ」
前方へジャンプする。

⑥ ♪「カッコウ」
片足で着地する。

歌って楽しむゲーム | Part 7

3 😃 さて、互いに片足バランスの状態となりました。どちらかがこの状態を崩してしまうと勝負が決まります！
10秒以上両者がバランスを保った場合は、引き分けとする。

93 バランスカッコウ 人数2人一組 時間5分

≡カッコウ♪≡ ≡カッコウ♪≡

立っている片足が動いたらアウト、などリーダーが判定する。

2人が対決するときは♪「静かな湖畔の…」と見学している参加者全員で歌って盛り上げる。

くるっと2回まわるので、少し目をまわすこととなります。
最後のジャンプは、ある程度高く飛ぶように促しましょう。

歌って楽しむゲーム

94

リズミカルにテンポよく
手合わせジェスチャーソング

人数　2人一組
時間　10分
難易度　★★☆

ゲームの進め方

1 　参加者は2人一組となり、リーダーの見える位置につく。

😀 これからおこなうゲームは、歌のリズムにのって互いの手を動かして楽しむゲームです。歌にはいくつかのバリエーションがあります。3拍子の曲が合います。「みかんの花咲く丘」「ローレライ」「雪山讃歌」などがよいでしょう。歌に合わせて動きを覚えましょう。

①
胸のところで手拍子1回。

②
左手と左手を高いところでうち合う。

③
うった手首の力を抜く。

④ は①と同じ。

⑤ は②と同じ動きを右手でする。

⑥ は③と同じ動きを右手でする。

歌って楽しむゲーム Part 7

2 😊 手拍子や、手のひら、手の甲を合わせる動きを加えます。

⑦

手拍子2回。

動作はお互いに向き合った状態でおこなう。

⑧

手の甲を合わせる。

⑨

手のひらを合わせる。

⑩

両手首の脱力2回。

参加者が動きになれるまで、リーダーの手拍子のみで練習するとよいでしょう。

94 手合わせジェスチャーソング 人数2人一組 時間10分

95 歌って楽しむゲーム

テンポアップについていけるか
ドレミファドード

人数	10〜20人
時間	10分
難易度	★★☆

ゲームの進め方

1
参加者はリーダーの見える位置につく。
😀「ドレミの歌」に合わせて、それぞれ決まった7つのジェスチャーをおこないます。皆さんはまず、このジェスチャーを覚えましょう。
リーダーは7つのジェスチャーを参加者の前でおこない、見本を見せる。

7つのジェスチャー

ド たづなをとるポーズ。

レ おじぎをするポーズ。

ミ 両手を耳にあてる。

ファ 両ひじを曲げる。

ソ 両手を上に上げる。

ラ ラッパを吹くポーズ。

シ 「シーッ」と静かに、のポーズ。

歌って楽しむゲーム | Part 7

2 😊 それでは「ドレミの歌」を歌いながら実際にやってみましょう。「ドはドーナツのド」など、ドレミファソラシのそれぞれの音が歌の中に出てきますので、すばやくそのジェスチャーをおこなってください。歌詞の中で「さあ歌いましょう」のところだけは拍手をしましょう。

95 ドレミファドード
人数 10〜20人　時間 10分

動きをまちがえた人はその場に座り、最後まで残った人を勝ちとするルールにしてもよい。

♪ドミミ・ミソソ…

なれるまでは、ゆっくりとしたテンポでおこなうようにする。

10分ほどゲームをおこなったら終了する。

リーダー

リーダーは、自分で完璧にできるよう十分な練習をしておきましょう。

DO・RE・MI
Lyrics by Oscar HammersteinⅡ Music by Richard Rodgers 日本語詞：ペギー葉山
Copyright ©1959 by Richard Rodgers and Oscar HammersteinⅡ
Copyright Renewed
WILLIAMSON MUSIC owner of publication and allied rights throughout the world
International Copyright Secured All Rights Reserved

96 お手上げ赤い靴

歌って楽しむゲーム

サインに合わせて合唱しよう

- 人数 10〜20人
- 時間 10分
- 難易度 ★★☆

ゲームの進め方

1 参加者はリーダーの見える位置につく。
赤い靴はいてたおんなのこ♪ この歌を知っていますか。歌詞を知らない人も多いので、「あかいくつ　あかいくつ　あかいくつ♪」と全て赤い靴で歌ってみましょう。

2 次にサインの説明をします。皆さんは私の出すサインによって、歌詞の履き物の色と種類を変えて歌うのです。まず右手が色をあらわします。右手の位置が真上のときは「赤」をさします。横にしたら「青」、下にしたら「白」となります。左手は履き物の種類です。こちらは真上が「靴」、横は「下駄」、下は「ゾウリ」になります。

右手：色　　　　　　　　　　　　　左手：履き物

リーダー

- 赤 / 靴
- 青 / 下駄
- 白 / ゾウリ

参加者がしっかり覚えるまで、何度か説明を繰り返す。

3 😃 練習してみましょう。例えば、私が左右の手を真横に上げると「青い下駄」と歌うことになります。では私の手の合図どおりに歌ってみましょう。

右手が上、左手が下なので「赤いゾウリ」。

リーダーは一拍か二拍ほど早く、両手のサインを送るようにする。

右手が下、左手が上なので「白い靴」。

10分ほどでゲームを終了する。

なれてきたら、手を上げる位置に斜め上、斜め下などを増やしてもよいでしょう。

96 お手上げ赤い靴　人数10～20人　時間10分

97 楽しくお弁当作り
お弁当箱

歌って楽しむゲーム

人数	10～20人
時間	5分
難易度	★☆☆

ゲームの進め方

1 参加者はリーダーの見える位置につく。

😊 皆さん、私がこれからおこなうフリを覚えて、一緒においしいお弁当箱を作りましょう。「お弁当箱」の歌に合わせておこないます。

①②♪「これくらいの」「お弁当箱に」 
指で四角いかたちになぞる。

③♪「おにぎり」 
おにぎりをこねる動作。

④♪「おにぎり」 
おにぎりをこねる動作。

⑤♪「ちょいとつめて」 
お弁当箱におく感じで。

⑥♪「きざみしょうがに」 
右手でトンと切る動作。

⑦♪「ゴマふりかけて」 
前へ少し「パー」と手を開く。

2 お弁当箱に野菜を入れましょう。

⑧ ♪「ニンジンさん」

両手の指を2本から3本に変える。

⑨ ♪「ゴボウさん」

両手の指を5本から3本に変える。

⑩ ♪「穴のはいったレンコンさん」

指で輪を作り、3本に変える。

⑪ ♪「スジのとおった」

左腕を右手のひらでなでる。

⑫ ♪「フーキ」

手のひらに息をふきかける。

※英語版の「お弁当箱」も人気があります。

ランチボックス　英訳　東正樹
ディス　イズ　ランチボックス
ライスボール　ライスボール　セッティング
チョッパ　ジンジャ　スプレッド　セサミ

キャロット　スリー　バードック　スリー
ホールド　ロータスルート　スリー
ア！　スニードバタパー！

おもしろくするコツ！ 小さな動作で作るアリさんの弁当箱や大きな動作で作るゾウさんの弁当箱などバリエーションを変えてみましょう。

98 お船をこいで

船をこいで大冒険旅行へ

歌って楽しむゲーム

人数 10〜20人
時間 20分
難易度 ★☆☆

ゲームの進め方

1 参加者はリーダーの見える位置につく。

😊 これから歌に合わせて船をこぐゲームをおこないます。歌は、「アチャパチャノーチャ」を使います。両手を前に伸ばして船のオールをこぎますよ。用意はいいですか。
お船をこいで、お船をこいで、お船をこいで、行こう♪

♪「お船をこいで、お船をこいで、お船をこいで」

♪「行こう」

腕を曲げ伸ばしして、オールをこぐ動作を3回繰り返す。

右手を高くつき上げる。

★アチャパチャノーチャ★

音楽は「アチャパチャノーチャ」を使う。皆で歌えばムードが盛り上がる。

1. ア チャ パ チャ ノー チャ　ア チャ パ チャ ノー チャ　エ　ヴェス サデ ヴェス サ
2. ド ラ マ サ デー　セ タ ヴェ ラ ケイ　セ ア ヴァー チャ
   セ タ ヴェ ラ ケイ　セ ア ヴァー チャ　ア チャ パ チャ ノー チャ
3. ア チャ パ チャ ノー チャ　エ　ヴェス サデーヴェス サ ド ラ マ サ デー

歌って楽しむゲーム | Part 7

2 リーダーは、歌の途中でさまざまな場面を想定した動きを加える。

😀 怖いワニが隠れていますので、皆さん静かにこぎましょう（小さな声で）。・・・ワニがあらわれました！急いでオールをこぎましょう。
川の波が大きくなってきたようです（左右にゆれながらこぐ）。
この辺でお魚を釣りましょう。・・・大漁でお船が魚でいっぱいになりました（重そうにこぐ）。

98 お船をこいで
人数10〜20人 時間20分

「ワニが隠れています ゆっくり進みましょう」

リーダーはさまざまな設定を考えておく。

ゆっくりオールをこぐジェスチャー。

リーダー

「ワニが出ました 急いで逃げましょう」

大きくすばやくオールをこぐジェスチャー。

20分ほどおこなったら、ゲーム終了。

おもしろくするコツ！ 「私とジャンケンをしましょう。勝った人は、こがなくてもいいのです」といったイベントもおこなってみましょう。

99 アルプス一万尺踊り

歌って楽しむゲーム / おなじみの歌でパートナー探し

- 人数 20〜30人
- 時間 10分
- 難易度 ★☆☆

ゲームの進め方

1 😊 これから、「アルプス一万尺」を使ったゲームを紹介します。皆さん円陣を作って、円の中央を向き、手をつないで構えてください。

① ♪「アルプスイチマンジャク」
全員円の中心へ4歩前進する。

② ♪「コヤリノウーエデ」
元の場所まで4歩後退する。

歌って楽しむゲーム | Part 7

2 😊 パートナーを決めて、手をつないでまわります。

③ ♪「アルペンオドリヲ」

「左の人にしよう」

もう一度円の中心へ4歩前進しながら、左右どちらの人とパートナーを組むか考える。

④ ♪「サーオドリマショ」

元の場所まで4歩後退しながらパートナーを組む人と向かい合って、お願いの確認をする。

⑤

♪「前半ラララララ・・・」
パートナーとなった人と両手をつないで、その場で2回まわる。
パートナーができなかった人は、円の中を1人でとびまわる。

♪「後半ラララ・・・ラン」
パートナーとまわるのをやめて、新たに円陣を作る。1人でとんでいた人も円陣に加わり、また始めから繰り返す。10分ほどでゲーム終了とする。

音楽がなくても、リーダーが歌いながらおこなうことができます。

㊾ アルプス一万尺踊り　人数20～30人　時間10分

ジェスチャー草津節

ホンワカ気分で

歌って楽しむゲーム 100

人数	10〜20人
時間	5分
難易度	★☆☆

ゲームの進め方

1 参加者はリーダーの見える位置につく。

😃 これから「草津節」を皆さんで歌って踊りましょう。歌詞に合わせた動きをお見せしますので、覚えてください。

① ♪「草津よいとーこ」

右手にタオルや手ぬぐいを持ったつもりで、左手を上下にこするしぐさ。

② ♪「一度はおいで」

左手にタオルを持ちかえたつもりで、同じようなしぐさ。

③ ♪「ドッコイショー」

肩の上げ下げ1回。

④ ♪「お湯の中にも」

両手の指を組み、手のひらを返す。

歌って楽しむゲーム Part 7

2 😊 リラックスした気分でおこなうことが大切です。体がほぐれるまで何度か繰り返しましょう。

⑤ ♪「こりゃ」

両手を上に背伸び。

⑥ ♪「花が咲くよ」

顔の前で、両手でつぼみから花が咲くようなしぐさをする。

⑦ ♪「チョイナチョイナ」

両肩を2回上下させる。

ジェスチャー草津節　人数 10〜20人　時間 5分

♪草津よいとーこ…

リーダー

5分ほど繰り返し、体がほぐれたら終了する。

リーダーのフリが参加者に影響しますので、楽しく演じるようにしましょう。

目的別さくいん

(そ)→ その場ですぐできるゲーム
(2)→ 2人組ゲーム　　　　(チ)→ チームでするゲーム
(頭)→ 頭を使うゲーム　　(ス)→ スポーティーなゲーム
(室)→ 室内でするゲーム　(歌)→ 歌って楽しむゲーム

大人数で楽しめるゲーム

尋問イエスノーゲーム（頭）…… 58
ひらがな言葉作り（頭）…… 66
拍手で集まれ（室）…… 80
誕生月集まれ（室）…… 81
お金持ち日本一（室）…… 82
アカンベー鬼（室）…… 84
サイン集め（室）…… 97
風船おつき合い（室）…… 104
お金持ち日本一団体戦（チ）…… 108
キャプテンジャンケン（チ）…… 114
ジャンケン関所破り（チ）…… 122
算数チームバトル（チ）…… 130
加藤清正ジャンケン（チ）…… 132
冷凍人間（ス）…… 136
おんぶリレー（ス）…… 140
しっぽ踏み（ス）…… 146
家の中の羊さん（ス）…… 148
キツネとガチョウ（ス）…… 150
ジングルベル手合わせ（歌）…… 168

短い時間でできるゲーム

握手でコンニチハ（そ）…… 10
肩上げて！（そ）…… 11
鼻つまみ1・2・3（そ）…… 12
グーパー空手（そ）…… 14
あと出しジャンケン（そ）…… 16
命令ゲーム（そ）…… 18
スペースシャトル拍手（そ）…… 20
双眼鏡拍手（そ）…… 22
売っていたら拍手（そ）…… 23
頭たたき腹さすり（そ）…… 24
2拍子3拍子（そ）…… 25
ジャンケンチャンピオン（そ）…… 26
閉眼触指（そ）…… 27
健康体操1・2・3（そ）…… 28

ジャンケン手たたき（2）…… 32
こんにちは顔合わせ（2）…… 33
ハイイハドン（2）…… 34
タコとタヌキ（2）…… 36
ジャンケン算数（2）…… 40
ジャンケンホイホイ（2）…… 42
ジャンケンおまわりさん（2）…… 48
あっち向けホイ（2）…… 49
天狗の鼻ウーヤッ（2）…… 52
おちゃらか（2）…… 54
キャプテンはキミだ（チ）…… 129
ワッショイ！ワッショイ！（ス）…… 154
おもちゃのチャチャチャ屈伸（歌）…… 164
もしカメひざたたき（歌）…… 165
8421肩たたき（歌）…… 166
バランスカッコウ（歌）…… 174

高齢者にもオススメのゲーム

あと出しジャンケン（そ）…… 16
命令ゲーム（そ）…… 18
2拍子3拍子（そ）…… 25
健康体操1・2・3（そ）…… 28
ジャンケン算数（2）…… 40
尋問イエスノーゲーム（頭）…… 58
発見マルチステレオ言葉（頭）…… 60
口漢字大会（頭）…… 62
五・七・五迷句作り（頭）…… 64
ひらがな言葉作り（頭）…… 66
これを基本にして（頭）…… 72
はがをハンド（頭）…… 73
パネル合わせ算数勝負（頭）…… 74
キャプテン探し（室）…… 90
1・2・拍手（室）…… 94
マンガコミュニケーション（チ）…… 120
算数チームバトル（チ）…… 130
ちょうちょ（歌）…… 172
ジェスチャー草津節（歌）…… 188

座ってできるゲーム

- 鼻つまみ1・2・3（そ）…… **12**
- 双眼鏡拍手（そ）…… **22**
- 売っていたら拍手（そ）…… **23**
- 健康体操1・2・3（そ）…… **28**
- ハイイハドン（2）…… **34**
- 剣と楯ジャンケン（2）…… **44**
- あっち向けホイ（2）…… **49**
- ヒピトゥイトゥイ（2）…… **50**
- 天狗の鼻ウーヤッ（2）…… **52**
- おちゃらか（2）…… **54**
- 魚鳥木申すか申すか（頭）…… **61**
- ナンバーコール（室）…… **86**
- トントンパー（歌）…… **162**
- ホイマシペーター（歌）…… **163**
- もしカメひざたたき（歌）…… **165**
- お弁当箱（歌）…… **182**

小さい子どもでも楽しめるゲーム

- 肩上げて！（そ）…… **11**
- スペースシャトル拍手（そ）…… **20**
- 双眼鏡拍手（そ）…… **22**
- 売っていたら拍手（そ）…… **23**
- ジャンケンチャンピオン（そ）…… **26**
- 閉眼触指（そ）…… **27**
- こんにちは顔合わせ（2）…… **33**
- ウルトラマンシーシュワッチ（2）…… **38**
- ジャンケンおちぢみさん（2）…… **46**
- ジャンケンお開きさん（2）…… **47**
- ジャンケンおまわりさん（2）…… **48**
- あっち向けホイ（2）…… **49**
- 天狗の鼻ウーヤッ（2）…… **52**
- おちゃらか（2）…… **54**
- 陸海空（室）…… **88**
- いす取りゲーム（室）…… **92**
- キャッチ1・2・3（室）…… **95**
- ジャンプでコンニチハ（室）…… **96**
- 剣道日本一（チ）…… **110**
- ジャンケン関所破り（チ）…… **122**
- ブロックサインジャンケン（チ）…… **124**
- 電線ジャンケン（チ）…… **126**
- 冷凍人間（ス）…… **136**
- しっぽ踏み（ス）…… **146**
- 家の中の羊さん（ス）…… **148**
- ワッショイ！ワッショイ！（ス）…… **154**
- おメメ（歌）…… **167**
- ジングルベル手合わせ（歌）…… **168**
- ヘボヌケジャンケン踊り（歌）…… **170**
- 手合わせジェスチャーソング（歌）…… **176**
- ドレミファドード（歌）…… **178**
- お手上げ赤い靴（歌）…… **180**
- お弁当箱（歌）…… **182**
- お船をこいで（歌）…… **184**
- アルプス一万尺踊り（歌）…… **186**

道具を使うゲーム

- 剣と楯ジャンケン（2）…… **44**
- 五・七・五迷句作り（頭）…… **64**
- ひらがな言葉作り（頭）…… **66**
- 好きですか嫌いですか（頭）…… **68**
- 私は何？（頭）…… **70**
- パネル合わせ算数勝負（頭）…… **74**
- オンリーワン（頭）…… **76**
- いす取りゲーム（室）…… **92**
- サイン集め（室）…… **97**
- 有名カップル探し（室）…… **98**
- カードジャンケン合戦（室）…… **100**
- カット合体一番勝負（室）…… **102**
- 風船おつき合い（室）…… **104**
- パーティー日本ダービー（チ）…… **112**
- コインまわし発見対抗戦（チ）…… **116**
- 伝言ゲーム（チ）…… **118**
- 赤白上げ下げ（チ）…… **128**
- 集団マット引き（ス）…… **138**
- フリスビー野球（ス）…… **142**
- ハリケーンランニング（ス）…… **144**
- しっぽ踏み（ス）…… **146**
- 紙飛行機ゴルフ（ス）…… **152**
- ペットボトルボウリング（ス）…… **156**
- 輪投げ人形（ス）…… **158**

● 著者紹介

東　正樹（あずま　まさき）

総合子供の遊び情報研究室代表。1950年三重県生まれ。昭和48年より東京都レクリエーション連盟（現：協会）の講師となり、全国各地の教育委員会での幼児・青少年及びレク指導者養成に関わる。TBSラジオ『全国こども電話相談室』の回答者をふりだしに、フジテレビ『子育てれび』の親子遊びにおいて指導出演している。また、財団法人日本体操協会新体操委員会において、オリンピックを目指すナショナルチームの企画開発コーディネーターを担当するなど、さまざまな分野で活躍。『イベント出来書也（上・下巻）』（財務省印刷局刊）、『イベント成功への道　プロジェクト300』（郵研社刊）、『ドッジボール入門』（小学館刊）など、監修・著書多数。現在連載中の月刊誌に『レクリエーション』（財団法人日本レクリエーション協会刊）、『みんなのスポーツ』（日本体育社・全国体育指導委員連合刊）がある。

● 本文デザイン	株式会社メイフラワ	
● カバーデザイン	イルクデザイン	
● 本文イラスト	赤澤英子　池尾礼　神野秀美　浜元慎司　原愛美　森郁子	
● カバーイラスト	原愛美	
● 編集制作	株式会社童夢	
● 企画編集	成美堂出版編集部	

いちばんやさしい レクリエーションゲーム全集

2006年9月20日発行

著　者	東　正樹（あずま　まさき）
発行者	深見悦司
発行所	成美堂出版
	〒162-8445　東京都新宿区新小川町1-7
	電話(03)5206-8151　FAX(03)5206-8159
印　刷	壮光舎印刷株式会社

©Azuma Masaki 2006　PRINTED IN JAPAN

ISBN4-415-04208-2

JASRAC（出）0608856-601

落丁・乱丁などの不良本はお取り替えします
定価はカバーに表示してあります

・本書および本書の付属物は、著作権法上の保護を受けています。
・本書の一部あるいは全部を、無断で複写、複製、転載することは禁じられております。